Técnicas Secretas de la Terapia Cognitivo-Conductual:

12 Poderosas Técnicas para Superar la Ansiedad, la Depresión, el Insomnio y la Ira. Aprende Inteligencia Emocional y Toma el Control.

Table of Contents

Table of Contents 2
Capítulo 1: "Cognitivo" y "conductual" y "terapia" 6
Capítulo 2: El modelo de la TCC 14
Capítulo 3: Conociendo tus pensamientos 24
Capítulo 4: Cambiando tu propia mente 35
Capítulo 5: Distorsiones cognitivas 46
Capítulo 6: Creencias fundamentales 56
Capítulo 7: Regulación de Emociones 66
Capítulo 8: Activación conductual o, ¡simplemente hazlo! 75
Capítulo 10: Atención plena 90
Capítulo 11: Aceptación radical 97
Capítulo 12: Mejorando tus relaciones con las personas 104
Capítulo 13: Utilizando la Exposición para Contrarrestar el Miedo 116
Conclusión 124

Derechos de autor 2024 Robert Clear - Todos los derechos reservados.

El siguiente eBook se reproduce a continuación con el objetivo de proporcionar información lo más precisa y fiable posible. Sin embargo, la compra de este eBook puede considerarse como consentimiento al hecho de que tanto el editor como el autor de este libro no son de ninguna manera expertos en los temas tratados en su interior y que cualquier recomendación o sugerencia que se haga aquí es solo para fines de entretenimiento. Se recomienda consultar a profesionales según sea necesario antes de emprender cualquiera de las acciones respaldadas aquí.

Esta declaración es considerada justa y válida tanto por la Asociación Americana de Abogados como por el Comité de la Asociación de Editores y es legalmente vinculante en todo Estados Unidos.

Además, la transmisión, duplicación o reproducción de cualquiera de los siguientes trabajos, incluyendo información específica, se considerará un acto ilegal, ya sea que se realice electrónicamente o en forma impresa. Esto se extiende a la creación de una copia secundaria o terciaria del trabajo o una copia grabada, y solo se permite con el consentimiento expreso por escrito del Editor. Todos los derechos adicionales reservados.

La información en las siguientes páginas se considera ampliamente como un relato veraz y preciso de los hechos y, como tal, cualquier falta de atención, uso o mal uso de la información en cuestión por parte del lector resultará en que cualquier acción resultante caiga únicamente bajo su responsabilidad. No hay escenarios en los que el editor o el autor original de esta obra pueda ser considerado de ninguna manera responsable por las dificultades o daños que puedan ocurrirles después de emprender la información descrita aquí.

Además, la información en las páginas siguientes está destinada únicamente con fines informativos y, por lo tanto, debe considerarse universal. De acuerdo con su naturaleza, se presenta sin garantía sobre su validez prolongada o calidad interina. Las marcas comerciales mencionadas se hacen sin consentimiento escrito y de ninguna manera pueden considerarse como un respaldo del titular de la marca comercial.

Capítulo 1: "Cognitivo" y "conductual" y "terapia"

El secreto de la terapia cognitivo-conductual está en el nombre: es una terapia que se centra en la "cognición" y "comportamiento". Este capítulo desglosará exactamente lo que eso significa y contextualizará la TCC en términos de otras intervenciones terapéuticas. Esto será útil incluso si no tienes ningún conocimiento previo o experiencia en terapia - tienes una idea de cómo debería ser la terapia, incluso si solo es por la televisión, y es útil diferenciar la TCC de esa concepción.

Las "terapias cognitivas" tratan el comportamiento como mediado por los pensamientos. Lo que piensas determina lo que haces. Alguien que está deprimido tiene pensamientos conscientes que son negativos y pesimistas, estos pensamientos son posibles de cambiar. A principios del desarrollo de la TCC, la investigación estaba encontrando que las personas que tenían un "estilo explicativo negativo" tenían más riesgo de depresión (Seligman y Abramson, 1979). Es decir, las personas que ven lo peor en las situaciones o siempre buscan una lectura pesimista de una situación son más propensas a deprimirse. La terapia cognitiva funciona para cambiar la forma en que interpretas y piensas sobre las situaciones con el fin de mejorar cómo te sientes. Todas las terapias cognitivas, incluida la TCC, enfatizan la educación y el aprendizaje de nuevas habilidades que pueden utilizarse para cambiar tu propia mente.

Hay tres principios básicos en los que todas las formas de terapia cognitiva creen, y es importante tomarlos en serio cuando se aprende sobre la TCC.

En primer lugar, hay un principio que afirma que nuestros pensamientos son conocibles. La TCC no se enfoca en el subconsciente o preconsciente. Esto estaría más en línea con el psicoanálisis, que cree que nuestro comportamiento está determinado por nuestra mente subconsciente. En psicoanálisis, el propósito de la terapia es sacar a la luz cosas que no pensamos conscientemente pero que afectan nuestra vida diaria. Por otro lado, las terapias cognitivas respaldan la idea de que, con el entrenamiento y la atención adecuados, cada persona puede tomar conciencia de su propio pensamiento. No necesitas un psicoanalista para analizar la forma en que funciona secretamente tu mente. Los pensamientos importantes son los conscientes y los que están en la superficie. Esto no significa que los únicos pensamientos que importan sean los superficiales sobre cosas cotidianas; tus creencias más profundas también son importantes y serán discutidas. Lo importante es que los pensamientos sean accesibles y conscientes.

En segundo lugar, está el principio de que nuestros pensamientos determinan cómo nos sentimos y qué hacemos en respuesta a diversas situaciones en las que nos encontramos. No es el caso de que simplemente actúes sin pensar o te sobrepases con una emoción que no puedes controlar. El modelo sostiene que la forma en que pensamos sobre un evento es crucial en cuanto a cómo nos sentimos. Las emociones dependen de juicios y los juicios tienen que ver con el pensamiento. Por ejemplo, solo te sientes ansioso si tienes el juicio de que hay una amenaza o algo de qué preocuparte en la situación. Para tener la emoción de ansiedad, el juicio también es necesario. Muchas personas sienten que sus emociones son automáticas o están fuera de su control. Hablaremos sobre esto en gran profundidad más adelante, pero lo importante a tener en cuenta es que la TCC no cree que sea cierto. Solo parece verdad porque entramos en un fuerte hábito o rutina de una reacción emocional particular. Por ejemplo, si tenemos el juicio de que algo es amenazante, comenzamos a desarrollar en nosotros el hábito de evitar esa cosa. Con el tiempo, es posible que nos sobrepasemos de miedo solo con verlo, sin tener la experiencia consciente de pensamiento. Sin embargo, incluso en esos casos, donde las respuestas emocionales y de comportamiento parecen ser puramente reflejas, la TCC cree que existen pensamientos que ocurren entre el evento y las respuestas de la persona a ese evento.

Los terceros principios se desprenden de los dos primeros. Específicamente, la TCC sostiene que porque podemos saber lo que pensamos y lo que pensamos controla cómo reaccionamos a situaciones específicas, podemos modificar intencionalmente cómo respondemos a los eventos a nuestro alrededor. Utilizando las habilidades que aprendes en este libro, podrás volverte más funcional a medida que comprendes mejor cómo funciona tu mente. Esto significa que no hay ninguna indicación de que alguien esté "condenado" a una enfermedad mental o patrón de pensamiento y comportamiento maladaptativo particular. Aunque puedas ser diagnosticado con una preocupación de salud mental en particular, el diagnóstico no es el destino. Puedes cambiar la forma en que actúas cambiando la forma en que piensas.

Además de estos principios, hay otra suposición importante que dice que una visión precisa del mundo es una visión saludable del mundo. A veces tenemos la concepción social de que los optimistas están delirando y que ser "realista" es ver las cosas de manera negativa. La TCC sostiene lo contrario. La idea general es que cuando entendemos mejor el mundo real o la realidad objetiva, nos adaptaremos mejor para lidiar con él. Las personas son capaces de estar más en sintonía con el mundo que les rodea y que cuando lo están, tendrán una mejor salud mental. Las personas que perciben sistemáticamente el mundo de manera incorrecta, por otro lado, a menudo mostrarán comportamientos poco adaptativos. La TCC sostiene que las personas que distorsionan el mundo a su alrededor tendrán más problemas.

Relacionado con esto, la TCC está muy preocupada con si los pensamientos son útiles o no. Los patrones de pensamiento provienen de la experiencia a largo plazo con el mundo que nos rodea. Las creencias centrales, de las que hablaremos en detalle más adelante, afectan cómo vemos el mundo y cómo elegimos interactuar con él. Esto significa que nuestras creencias pueden, de hecho, limitar nuestras oportunidades, al cambiar el tipo de situaciones en las que nos ponemos o al limitar el rango de actividades que vemos como posibles. Es decir, nuestros pensamientos pueden convertirse en profecías autocumplidas. Nuestras creencias centrales afectan nuestro futuro y las posibilidades que vemos en él.

Hay tres tipos principales de terapias cognitivas: aquellas que se centran en reestructurar pensamientos, aquellas que se centran en desarrollar habilidades de afrontamiento y aquellas que se centran en resolver problemas. Todos estos tipos de terapias son ejemplos de TCC y son compatibles entre sí. Las diferencias radican en el grado en que las terapias se centran en el cambio cognitivo o conductual. Las terapias de reestructuración cognitiva están casi totalmente enfocadas en la forma en que piensas. Tienen la filosofía de que el dolor emocional y el comportamiento maladaptativo se derivan de alteraciones en el pensamiento. El objetivo, entonces, es ayudarte a pensar de manera más racional y adaptativa. Por otro lado, las terapias de habilidades de afrontamiento se centran específicamente en desarrollar un conjunto de habilidades que ayudan al individuo en situaciones externas que encuentran estresantes. Los pensamientos son menos específicamente dirigidos, a menos que afecten negativamente la capacidad de la persona para responder a un evento estresante. Las terapias de resolución de problemas tienen el objetivo de enseñarte un conjunto de estrategias útiles para hacer frente a una variedad de situaciones problemáticas y las estrategias pueden ser tanto cognitivas como conductuales. Esto se encuentra entre los dos tipos de teoría anteriores, ya que no se centra totalmente ni en el comportamiento ni en los pensamientos.

Este libro abarcará todo el rango de la terapia cognitivo-conductual. Tendremos ejemplos de reestructuración cognitiva, habilidades de afrontamiento y resolución de problemas. El objetivo es ayudarte a aprender a sentirte mejor de la mayor cantidad de formas posible. El objetivo es ayudarte a encontrar un enfoque que funcione para ti. Para lograr eso, explora una amplia variedad de intervenciones y aprende distintas habilidades. Luego podrás integrarlas en tu propia vida.

Todo esto se refiere principalmente a lo "cognitivo" en la TCC, aunque hablamos un poco sobre el comportamiento. ¿Qué pasa con lo "conductual"? La terapia conductual se deriva de una teoría de la psicología conocida como "conductismo", que sostiene que la mejor manera de comprender el comportamiento humano es observar la relación entre la acción y sus consecuencias. Uno de los padres del conductismo, BF Skinner, llamó a esto "condicionamiento operante". Simplemente, el condicionamiento operante depende de la regla de que el comportamiento que es reforzado tiende a repetirse y el comportamiento que no es reforzado tiende a debilitarse (Skinner, 1988). Su famoso experimento consistió en poner ratas en una "Caja de Skinner" donde ciertos comportamientos eran reforzados con golosinas o castigados.

Encontró que los comportamientos reforzados tendían a repetirse y los comportamientos castigados desaparecían.

Las determinaciones conductuales se centran en los comportamientos específicos con los que se involucra toda la persona. El objetivo en la terapia conductual, a diferencia de muchas otras terapias, no es encontrar un diagnóstico específico. Realmente no nos importa la colección de síntomas en términos de qué condición de salud mental se podría decir que tienes. En cambio, la preocupación importante es la naturaleza de tus problemas y cómo esos problemas afectan tu vida. No importa a qué "enfermedad" general estén relacionados esos problemas. En cierto sentido, se trata de tu comportamiento y no de tu identidad.

El comportamiento se considera específico de los contextos y el entorno en el que te encuentras. Debido a que no se preocupa por una categorización general de tu identidad, no se asume que tu comportamiento esté relacionado con características generales tuyas. En cambio, el comportamiento se ve en contextos específicos y relacionado con un entorno específico. Esto significa que cuando piensas en cómo "mejorar", el objetivo es cambiar el comportamiento, no un cambio más generalizado en tu autoconcepto.

Esto significa que es importante ser claro sobre qué problemas, en particular, te llevan a la TCC. No te veas a ti mismo como "alguien con depresión" o una etiqueta general como esa. En su lugar, identifica los problemas y comportamientos específicos que te causan sufrimiento. ¿Qué te gustaría cambiar acerca de las cosas que haces diariamente?

Para generalizar, la terapia conductual se centra en dos tipos de problemas: cuando haces un comportamiento en exceso y cuando no lo haces lo suficiente. Los excesos de comportamiento son cuando una persona muestra un comportamiento particular que ocurre con demasiada frecuencia o demasiada intensidad. Este comportamiento se convierte en un problema para la persona que lo realiza. Las versiones comunes de excesos de comportamiento son el sexo promiscuo, el juego compulsivo o un comportamiento de búsqueda de atención muy disruptivo. Alguien que lucha con la ira y los impactos negativos de arrebatos de ira también tendría un exceso de comportamiento. Debido a que el conductismo se basa en la idea de que los comportamientos que son reforzados se repiten, un exceso de comportamiento es una señal de que de alguna manera este comportamiento está siendo reforzado. Por ejemplo, para alguien que tiende a arrebatos de ira, este comportamiento puede estar siendo reforzado por obtener lo que quieren y la retirada de las personas que no están de acuerdo con ellos. A pesar de que en general el comportamiento causa resultados negativos, hay un refuerzo específico y dirigido que refuerza el comportamiento.

El otro tipo de comportamiento problemático es el comportamiento deficitario. Esto sucede cuando una persona no muestra una flexibilidad adecuada al ajustar comportamientos en diferentes circunstancias. Simplemente no saben qué hacer cuando ciertas situaciones ocurren o no tienen la capacidad de reaccionar adecuadamente. Esto tiende a suceder cuando estos comportamientos nunca se aprendieron o, cuando los comportamientos fueron utilizados anteriormente, se encontraron con consecuencias negativas. Como aprendimos con el condicionamiento operante, cuando un comportamiento en particular es castigado, las personas tienden a no seguir haciendo ese comportamiento.

Otro aspecto de la terapia conductual es centrarse en la creación de habilidades para hacer frente. Los comportamientos de afrontamiento se refieren a cómo una persona responde a situaciones difíciles. Muchos comportamientos que se vuelven problemáticos empezaron como comportamientos de afrontamiento: comes porque te hace sentir bien después de un mal día. Esto a menudo significa que terminas siendo deficiente en cómo responder adecuadamente a las dificultades. Todos tienen que lidiar con dificultades a lo largo de su vida, la única pregunta es qué tan bien respondes ante ellas.

Este libro hablará sobre una variedad de estrategias, tanto cognitivas como conductuales. Lo que nos guiará a lo largo de todo es el principio de que tienes el poder de cambiar el rumbo de tu vida. Nada está predeterminado y nadie está condenado. Si aprendes a intervenir en tus pensamientos y comportamientos, tu vida puede mejorar mucho.

Capítulo 2: El modelo de la TCC

Este capítulo te introducirá a la forma básica en que la TCC entiende la interacción del individuo con el mundo. Es crucial entender esto, porque todas las demás intervenciones dependen de este modelo. Sin internalizar las relaciones básicas, las otras intervenciones serán mucho más difíciles. Para ayudarnos a comprender los conceptos en este capítulo, utilizaremos el ejemplo de Joe. Joe es alguien que lucha con su vida, tal como es actualmente, y este capítulo comenzará a explicar por qué.

El TCC se basa en un modelo cognitivo donde hay una conexión entre los pensamientos, emociones, comportamiento y el cuerpo físico. Los pensamientos afectan la manera en que funciona el cerebro, produciendo tanto estados emocionales como comportamiento. Si bien la medicación puede afectar la manera en que funciona nuestra mente, la investigación muestra que la terapia centrada en los pensamientos puede realmente cambiar la estructura del cerebro.

La forma en que pensamos sobre el mundo tiene efectos profundos en cómo lo experimentamos. Si alguien te amarrara en una montaña rusa y te dijera que es un dispositivo de tortura, es probable que tu reacción al bajar en la gran caída fuera muy diferente. Si creemos que nos estamos divirtiendo, en cambio modificaremos nuestra reacción de ansiedad y se volverá en general agradable.

Para la TCC, los problemas en nuestras vidas están relacionados con la inadecuación de nuestros repertorios conductuales o con interrupciones en nuestros pensamientos. Cómo es una vida saludable y satisfactoria varía de una persona a otra, pero pueden establecerse algunas generalizaciones. Alguien está funcionando bien cuando es activo y hace cosas regularmente que disfruta y que le dan una sensación de ser capaz. Responden bien a los desafíos y son resistentes ante situaciones negativas. Ven el lado positivo y esperanzador de las cosas y tienen una autoestima generalmente saludable.

Para muchos de nosotros, hay cosas que se interponen en el camino de ese ideal. A veces, tenemos deficiencias en nuestro comportamiento. Alguien podría tener altos niveles de ansiedad social y, en un análisis, descubrirse que tiene dificultad para mantener una conversación y es un mal oyente. Esa persona podría necesitar habilidades específicas y enfocadas para mejorar su vida. Por otro lado, alguien más que tenga ansiedad social podría tener las habilidades necesarias, pero seguir sintiendo ansiedad y evitando situaciones sociales porque cree que es torpe. Esa persona necesita más intervención cognitiva.

Para la mayoría de las personas, una combinación de herramientas conductuales y cognitivas es útil para hacer frente a la forma en que se manifiestan tus problemas.

Para ir a nuestro ejemplo, veamos la vida de Joe. Joe es solitario y siempre ha pensado en sí mismo de esa manera. Cuando la gente le pide que haga cosas, piensa: "la gente siente lástima por mí". Esto lo irrita y los rechaza. Cuando interactúa con mujeres de cualquier forma, presta mucha atención a cualquier señal de crítica o desagrado. Si ella responde a algo que él dice con desacuerdo, piensa "la fastidié" y se pone triste y se retira.

Para Joe, las situaciones sociales son una fuente de ansiedad. No obtiene ningún placer de interactuar con las personas. Mientras muchas personas verían una invitación de amigos como algo bueno, para Joe es motivo de molestia. Su pensamiento de que la gente siente lástima por él está moldeando la forma en que reacciona ante los eventos en el mundo.

Joe, si le preguntaran después de una cita con una mujer, diría "Me siento como un fracaso". Pero lo que está sucediendo ahí es una confusión entre un sentimiento y un pensamiento. El sentimiento que tiene es tristeza. Él está teniendo el pensamiento de que es un fracaso. La distinción es importante, porque mezclar los dos nos impide ver la verdadera causa de nuestras acciones.

Joe probablemente sería una persona frustrante para interactuar, en muchos aspectos. Su atención constante a la crítica y al desagrado probablemente tenga el efecto de hacerlo una persona más difícil de tratar. Su visión, de que es socialmente inepto, podría demostrarse verdadera solo a través de su miedo. Su forma de pensar le está causando muchos problemas.

En la TCC, los problemas psicológicos se entienden como pensamientos problemáticos y perturbaciones en el pensamiento. Los psicólogos dividen los problemas de pensamiento en tres categorías. La primera categoría es "pensamientos automáticos". Estos pueden ser sobre uno mismo, el mundo, otras personas, el futuro, o cualquier cantidad de cosas. Los pensamientos automáticos son pensamientos que vienen a ti sin ninguna indicación y sin esfuerzo consciente. En las personas deprimidas, son frecuentemente negativos. Una característica de los pensamientos automáticos es que a menudo son falsos o, en el mejor de los casos, solo parcialmente verdaderos. Esto contribuye al hecho de que son el tipo más fácil de problema de pensamiento de cambiar. Puedes poner a prueba tus pensamientos automáticos para ver si son precisos sobre el mundo y a menudo, el darse cuenta de que no lo son reduce su poder.

Aprender a identificar los pensamientos automáticos es una estrategia crucial para sentirse mejor. Hablaremos más de ello en el Capítulo 3. Aprender a filtrar tu propia mente y aislar tus pensamientos es una habilidad crucial. Una vez que hayas determinado cuáles son tus pensamientos, puedes empezar a cambiarlos, lo cual discutiremos en detalle en el capítulo 4. Aprenderás a crear pensamientos alternativos, determinar si el pensamiento es cierto e llevar un registro de tu relación emocional con el pensamiento.

El objetivo de la TCC es ayudarte a llegar a una conclusión más precisa y lógica sobre el mundo que la que te proporcionan tus pensamientos automáticos. Volviendo a Joe, sería útil para él evaluar el pensamiento de que sus amigos simplemente sienten lástima por él. Si examinara la evidencia, probablemente encontraría motivos para pensar que realmente disfrutaban pasar tiempo con él y que eran amigos suyos debido a las cosas positivas que agregaba a sus vidas. Si evaluara la veracidad de su pensamiento automático, probablemente descubriría que era falso.

La segunda categoría de alteración del pensamiento se encuentra en las "reglas" que una persona establece para sí misma y que llevan a expectativas que tienen consigo mismos o hacia otros. A veces se entienden como "creencias intermedias" y pueden servir para protegerte contra resultados negativos. Si en general estás convencido de que no eres una persona que vale la pena tener cerca, es posible que desarrolles la "regla" de que siempre debes trabajar para complacer a todos para que decidan seguirte teniendo cerca.

Joe, desafortunadamente, tuvo una infancia difícil. Su madre fue muy dura con él y aprendió a avergonzarse de sí mismo cuando cometía algún error. Desarrolló la regla de que "si dejas que la gente se acerque, serán críticos y te rechazarán". Esta regla lo lleva a mantener a la gente a distancia, porque existe el riesgo de que sean crueles si los deja acercarse demasiado.

Esto conduce a la última categoría de pensamientos, conocidos como "creencias centrales". Estas son los compromisos básicos que tienen los individuos y típicamente, han pensado durante mucho tiempo. Estas son las creencias básicas que una persona tiene sobre sí misma, sobre los demás y sobre el mundo en general. Estas creencias centrales pueden ser desencadenadas por eventos externos y surgir a la superficie. En general, estas creencias son bastante inarticuladas y vagas. La mayoría de las personas no tienen un conjunto muy definido de creencias que podrían escribir. Al mismo tiempo, suelen ser muy rígidas y aprendidas temprano en la vida. Estas creencias centrales son experimentadas como realidad por una persona que cree en ellas, independientemente de cuál sea la verdad real.

Las creencias fundamentales a menudo explican por qué las personas reaccionan de manera muy diferente a los eventos en su vida. El divorcio es muy difícil para todos, pero si alguien tiene la creencia fundamental de que no son amados y que no valen nada, puede ser totalmente devastador.

Joe está hablando con varias personas que conoce. Hace un comentario sobre un programa de televisión que todos ven. Una mujer, justo después de hacer el comentario, mira hacia otro lado y saluda a una amiga al otro lado de la habitación. Joe se siente muy avergonzado y piensa, "debe pensar que soy un idiota". Debido a estos sentimientos, Joe se retira del grupo.

Joe cree sinceramente que esta mujer piensa que es un idiota, pero no tiene mucha evidencia de que sea el caso. Lo que está alimentando este pensamiento es el compromiso subyacente con su propia falta de valor y defectos. Los eventos reales no justificarían una reacción herida, solo cobran sentido en el contexto de la creencia central.

Puede que Joe sienta que son las acciones de la mujer las que causan su comportamiento, pero desde fuera está claro que ese no es el caso. Es la forma en que está pensando lo que está provocando los sentimientos. Además, al dejar el grupo significa que está actuando de formas que lo hacen más socialmente aislado y refuerzan los problemas que está teniendo.

En general, cualquier situación tiene cinco factores. Tiene pensamientos, sentimientos, reacciones físicas, comportamiento y el entorno que afecta a todas esas cosas.

Para analizar el ejemplo específico de Joe, podemos desglosarlo de la siguiente manera:

Mujer saluda con la mano al otro lado de la habitación.

Pensamientos de Joe: Ella piensa que soy un idiota.

Sentimientos de Joe: Deprimido y sin valor

Reacción física de Joe: Exhausto y dolor de estómago.

Comportamiento de Joe: Se levanta y se va del grupo, limitando así la oportunidad de fortalecer sus conexiones sociales.

Fig 1 - Modelo de cinco partes para entender cualquier situación.

Si miras la figura, puedes ver cómo un cambio en un factor puede afectar a todas las demás áreas. Acostúmbrate a separar todas estas partes una de otra cuando analices una situación en la que te encuentres.

"Una situación" es lo que realmente ocurrió. Es la realidad objetiva sin interpretación. En el caso de Joe, es la onda física que la mujer a la que estaba hablando hizo. Todo lo demás es extra. Por ejemplo, el hecho de que un niño tenga un examen próximo es una situación. La idea de que es un "examen difícil" es una situación más la interpretación.

También es importante poder diferenciar los sentimientos y pensamientos para poder usar este modelo completamente. A menudo confundimos los pensamientos y los sentimientos en nuestro discurso. Podría decir "Siento que no le caigo bien," pero lo que en realidad se quiere decir es "Pienso que no le caigo bien." Ten cuidado de no mezclarlos de esa manera. Los sentimientos tienden a ser una sola palabra como enojado, feliz, preocupado, triste, ansioso, emocionado, y así sucesivamente. Los pensamientos tienden a ser más desarrollados y vienen en forma de oraciones o frases.

Tenemos un montón de pensamientos, especialmente los automáticos. Muchos de nuestros pensamientos automáticos no son un problema en absoluto. Cuando voy al supermercado, podría tener el pensamiento automático "¿dónde está mi lista de compras?" Eso está bien y probablemente no me causa ningún malestar emocional. Sin embargo, el pensamiento automático de "soy estúpido" probablemente causará una gran cantidad de malestar. Nuestros pensamientos a menudo vienen y van rápidamente, lo que a veces dificulta notarlos. Pero cuando tenemos pensamientos automáticos que nos causan malestar, es crucial establecer cuáles son nuestros pensamientos.

Otra cosa importante a diferenciar es entre los sentimientos y las reacciones físicas. A menudo, los sentimientos intensos van acompañados de reacciones físicas, como sudoración, hormigueo o tensión. Cuando te sientes ansioso, tus músculos pueden tensarse y tu ritmo cardíaco acelerarse. Es importante separarlos en parte porque las personas tienen diferentes reacciones físicas a los sentimientos. A veces, también, podemos estar teniendo una fuerte reacción física que no notamos. Y, además, a veces podemos sentirnos mejor al manejar la reacción física en lugar de tratar directamente con el sentimiento.

El comportamiento, el último de los cuatro factores principales, es lo que realmente haces. El objetivo es separar el comportamiento de las cosas que contribuyen al comportamiento.

Al pensar en tu vida y las cosas con las que luchas, ten cuidado de mantener todas estas cosas claras. Adquiere el hábito de identificar pensamientos, sentimientos, reacciones físicas y comportamientos como partes separadas de una situación. Cuando pienses en una situación, tómate un momento para reflexionar sobre ella sin pensamientos o interpretaciones, simplemente observa la situación.

Una vez que hayas ordenado los diferentes aspectos de tu reacción, es crucial descubrir entonces qué es lo que está manteniendo tus problemas. ¿Qué está provocando la dificultad que te ha traído a este libro o a la idea de terapia?

Como se discutió, nuestros pensamientos dirigen nuestro comportamiento. Cuando tenemos pensamientos diferentes, tenemos sentimientos, reacciones físicas y comportamientos muy diferentes. La forma en que moldeamos nuestros pensamientos puede cambiar las cosas que realmente suceden. Vamos a analizar los pensamientos de Susan y

Kathy y ver cómo responden a la misma situación. Tanto Susan como Kathy van a una conferencia de trabajo donde no conocerán a nadie.

La conferencia de trabajo termina yendo de manera muy diferente para Susan y Kathy. Para Susan, ella está temiendo esta conferencia. Está preocupada por cómo va a lidiar con no conocer a nadie y está convencida de que la gente no le va a caer bien o respetar. Piensa que va a ser brutal y alienante. Esto se traduce en una variedad de reacciones físicas y sentimientos de ansiedad y preocupación. Como resultado, evita a otras personas a lo largo de la conferencia y termina teniendo un tiempo muy alienante. Siente como si a nadie le cayera bien, porque no llegó a hablar con nadie.

Kathy, por otro lado, ve la conferencia de trabajo como una oportunidad para hacer contactos y conocer gente nueva. Para ella, es una oportunidad en la que no conoce a nadie. ¡Esto significa que hay un montón de gente nueva por conocer! Sus emociones al pensar en la conferencia son de emoción y está llena de energía. Esto quiere decir que está ansiosa por presentarse a nuevas personas y termina teniendo un gran momento, lleno de conversación. Esto conduce a experiencias muy diferentes.

Con Susan, podemos ver la manera en que los pensamientos problemáticos pueden reforzarse a sí mismos. Ella tiene el pensamiento de que la conferencia no va bien, lo que significa que está ansiosa, lo que hace que la conferencia no vaya bien. Hay un ciclo de comportamiento, pensamientos y sentimientos.

Esto también demuestra por qué la TCC no es solo terapia cognitiva, también es terapia conductual. Con Susan, podemos ver directamente cómo sus comportamientos están teniendo un efecto en sus problemas. Es su comportamiento de ir a sentarse sola lo que significa que nadie le habla. Su comportamiento conduce a la consecuencia de soledad y alienación, lo cual luego se toma como evidencia de que la conferencia no iba a salir bien. Existe un ciclo que se refuerza a sí mismo. Si tienes dificultades para cambiar tus pensamientos, otro tipo de intervención es cambiar tus comportamientos directamente y eso ayudará enormemente.

Todo el ciclo presenta diferentes oportunidades para intervenir. Para algunas personas, intervenir en el nivel de reacciones físicas puede ser de gran ayuda. Si alguien se siente muy incómodo, entonces tomar un baño caliente o hacer algo relajante puede ayudar a cambiar la emoción.

Capítulo 3: Conociendo tus pensamientos

Un paso crucial para ayudarte a cambiar tu propia mente es conocer qué pensamientos están corriendo por tu cabeza y familiarizarte más con cómo reaccionas ante situaciones problemáticas. Muchos de nosotros estamos atrapados en patrones automáticos y negativos. Algo sucede, y luego los pensamientos, sentimientos y comportamientos se suceden unos a otros de manera inevitable.

El autoanálisis cuidadoso es crucial para poder "pausar" este proceso y analizar lo que está sucediendo. Utilizando los cuatro factores que discutimos en el capítulo anterior, podemos analizar nuestras respuestas automáticas y comenzar a desarrollar estrategias para abordar nuestros propios problemas.

Las personas que tienen depresión a menudo tienen lo que se conoce como el "tríada cognitiva". Este es el conjunto de tres puntos de vista negativos que caracterizan la depresión: puntos de vista negativos sobre ti mismo, puntos de vista negativos sobre el mundo y puntos de vista negativos sobre el futuro.

Es útil buscar cualquiera de estos patrones de pensamiento negativos en tu vida. La primera parte de la tríada cognitiva, las visiones negativas sobre uno mismo, son bastante fáciles de reconocer. Estos son los pensamientos automáticos que incluyen los pronombres personales yo, me o mi. Puedes encontrarte diciendo cosas como esta:

- Soy una mala persona.
- Nadie me quiere.
- Soy terrible en mi trabajo.

Como ejercicio, tómate un tiempo para escribir los pensamientos que tienes repetidamente y que son negativos acerca de ti mismo. ¿De qué manera te criticas? ¿Cómo te hablas a ti mismo cuando cometes un error? Estas afirmaciones negativas son globales y parece que vienen automáticamente. No te detengas a evaluar si las afirmaciones son verdaderas o no. Simplemente escríbelas.

El segundo elemento de la tríada cognitiva son las percepciones que están relacionadas con el mundo en general. A veces son más difíciles de identificar, ya que muchas personas erróneamente piensan que sus percepciones negativas son simplemente descripciones precisas del mundo. Muchas personas con trastornos del pensamiento tienen una sensación vaga de que es el resto del mundo el que está perturbado y solo ellos están viendo las cosas con precisión.

Una buena señal de que se trata de una perspectiva negativa en lugar de una descripción precisa del mundo es que es absoluta: si piensas que algo nunca funciona o siempre es malo, probablemente estás exagerando el caso.

De cualquier manera, tómate un tiempo para escribir pensamientos negativos que tengas sobre el mundo. No evalúes si las afirmaciones son verdaderas o no, en este punto, simplemente busca pensamientos que sean negativos y dirigidos hacia afuera. Algunos ejemplos incluyen:

- Todos los hombres son patanes.
- Los poderosos están corruptos.
- La vida es injusta.

La última parte de la tríada cognitiva negativa son los pensamientos negativos que tienes sobre el futuro. Podrías decirte a ti mismo:

- Mi vida va a empeorar.
- Nada funcionará.
- El mundo se va a destruir.

Estos pensamientos son predicciones sobre cómo van a resultar las cosas y generalmente son negativos. Sin detenerse a determinar si son verdaderos o no, anota todos los pensamientos que tengas sobre el futuro que sean negativos. ¿Te enfocas en que las cosas van a salir mal? ¿Estás continuamente prediciendo resultados negativos para cosas que podrías intentar?

Mira tus listas. ¿Hasta qué punto sueles ser negativo/a? ¿En qué categoría son tus pensamientos más negativos? Es crucial que tengas una buena idea de cómo se manifiestan tus pensamientos negativos y en qué área debes concentrar tu tiempo.

Muchas personas vienen a terapia con un conocimiento general de que están sombrías, preocupadas o cínicas. Pero, por otro lado, tus pensamientos se sienten verdaderos y precisos. No eres pesimista, podrías pensar, eres realista. Evaluar todos tus pensamientos negativos como un conjunto es una forma de darse cuenta de que hay un patrón general de pensamientos negativos.

El acto de pensar en tus pensamientos es una habilidad en sí misma y necesita ser desarrollada. A veces será difícil para las personas establecer la capacidad de analizar sus pensamientos.

Toma uno de los pensamientos negativos que escribiste en la sección anterior y piensa en una situación donde surgió ese pensamiento negativo. ¿Te encontraste pensando que nada saldría bien o que tu futuro estaba condenado? Descríbete esa situación a ti mismo. A menudo es útil escribir sobre ello, describiendo lo que sucedió, cómo te sentiste y qué hiciste al respecto.

¿Qué efecto tuvo el pensamiento negativo? ¿Cambiaste tu comportamiento de alguna manera? ¿Podrías imaginar que tu comportamiento cambiaría si tuvieras un pensamiento diferente?

Haz una hoja de trabajo con cinco columnas: Situación, Sentimientos, Reacciones Físicas, Comportamientos, Pensamientos.

Con la situación en la que estás pensando, completa cada una de las columnas. En la categoría de situación, anota lo que sucedió. ¿Qué pasó? ¿Quiénes estuvieron involucrados? ¿Dónde ocurrió? ¿Cuándo ocurrió? En la columna "Sentimientos", anota lo que sentiste y clasifica la intensidad de esa emoción del 1 al 10. En "Reacciones físicas", anota cómo reaccionó tu cuerpo y clasifica también eso del 1 al 10. En "Comportamientos", anota las acciones que realizaste. Finalmente, en "Pensamientos", anota los pensamientos que tuviste en esa situación.

Trata de analizar cuál es la relación entre estas columnas y cómo interactuaron entre sí. A medida que avanzas en tu vida, trata de desarrollar el hábito de ver las cosas desde afuera y analizarlas de esta manera.

Podría ser útil completar este formulario todos los días. Asegúrate de dedicar tiempo a analizar tus situaciones y comportamientos para que comiences a desarrollar una conciencia de patrones.

Cada persona tiene tipos específicos de situaciones que ponen en marcha sus caminos automáticos negativos. Tienes desencadenantes, cosas que te impulsan hacia los pensamientos, sentimientos y comportamientos que te llevan a querer cambiar. Para abordar tus problemas, tienes que saber qué tipo de situaciones te resultan difíciles y desencadenan tus patrones negativos.

A veces ya serás consciente de tus desencadenantes. Pero para otras personas, es difícil identificar las situaciones específicas que provocan emociones problemáticas. Podrías pensar que estás siempre triste o siempre bebes demasiado y no ser capaz de identificar situaciones específicas que se convierten en problemas.

Un primer paso útil puede ser monitorear los sentimientos o comportamientos problemáticos y ver si hay algunas situaciones donde los sentimientos son peores o los comportamientos más problemáticos. Imagina a alguien que piensa que está "siempre enojado". Al principio, esta persona podría pensar que está enojada todo el tiempo. Pero si ella monitorea cuidadosamente sus sentimientos y determina cuándo son más fuertes, comenzará a ver patrones. Tal vez, en este caso particular, se enoje más con su hija adolescente cuando no hace su tarea o rompe el toque de queda. Podría descubrir que su enojo hacia su hija se desbordaba en el resto de su vida.

Puedes utilizar una hoja de seguimiento simple como la que se muestra a continuación. Cuando la utilices, anota cuáles son las situaciones más difíciles y evalúa tus sentimientos de 1 a 10. Al hacerlo, a menudo comenzarás a ver patrones. Imagina a Richard, quien siente que está infeliz en su nueva escuela todo el tiempo. Si él completara la hoja de seguimiento, podría parecer algo así.

Cuando Richard mira la hoja de trabajo, toda completada así, puede descubrir que era el más infeliz en situaciones sociales. No estaba indicando infelicidad cuando estaba en clase o respondiendo preguntas. Solo estaba infeliz cuando sentía que estaba excluido socialmente. Esto le ayudó a darse cuenta de que académicamente, la escuela iba bien. Y tal vez él estaba en la banda, y no se sentía infeliz en la banda. Eso podría estar funcionando bien. El problema era cuando se sentía rechazado socialmente.

Las situaciones pueden involucrar eventos interpersonales, cosas solitarias o incluso cosas que son imaginadas. Pueden ser recuerdos, imágenes parciales, o imágenes mentales a las que estás respondiendo. A menudo están vinculadas a ciertas horas del día, así que asegúrate de hacerte preguntas sobre aspectos contextuales de la situación.

A medida que intentas identificar situaciones, pregúntate las preguntas del Quién, Qué, Dónde y Cuándo. ¿Qué sucedió? ¿Quién estuvo involucrado? ¿Dónde ocurrió? ¿Cuándo ocurrió? Es de alguna manera similar a ser un periodista, tratando de averiguar los hechos del asunto. Necesitas tener una idea de exactamente qué eventos causaron los sentimientos o comportamientos negativos que estás tratando de abordar.

A veces, si estás luchando por averiguar qué es importante acerca de una situación particular, intenta describir la situación con detalle vívido. Los eventos existen en múltiples sentidos, incluyendo sonidos, olores y tacto. Cuando utilizas múltiples sensaciones, puedes ayudarte a visualizar el espacio que ocupaste e identificar las vistas, sonidos y sensaciones para ayudarte a activar tu memoria. Si la situación involucró a otra persona, podrías pedirle a alguien de confianza que represente la situación contigo. Ellos pueden tomar el lugar de la otra persona y luego puedes analizar la situación nuevamente.

Una cosa común que sucede es que la situación que causa sentimientos y pensamientos negativos no es solo una situación discreta o un solo momento. Las situaciones que nos desencadenan pueden evolucionar con el tiempo. Una disputa con un amigo puede comenzar como un insulto o un daño bastante menor y luego escalarse rápidamente a insultos mutuos, antes de que te vayas herido y lastimado. Tus pensamientos y sentimientos probablemente evolucionarán a lo largo de toda la interacción. En esos casos, es útil desglosar el conjunto de eventos en momentos específicos con diferentes etapas de la interacción.

Siempre intenta ser lo más específico y concreto posible al describir estas situaciones contigo mismo. Cuando identificas situaciones desencadenantes en términos vagos, realmente no obtendrás una comprensión completa de lo que sucedió. En lugar de decir "mi esposa no respeta mi trabajo", sería mejor decir "mi esposa me dijo que ella pensaba que su trabajo era más importante que el mío".

Cuando te vuelves más específico y concreto, avanzas en el proceso de describir el mundo sin interpretación. A veces, nuestros pensamientos colorean lo que son nuestros recuerdos. En el ejemplo anterior, tu esposa te dice que pensaba que su trabajo era más importante. Pero ¿qué pasa si ella hubiera dicho que no quiere perderse un evento laboral de su empresa para asistir a un evento laboral tuyo? Es posible recordar esta interacción como si ella pensara que su trabajo es más importante. Pero si analizamos más de cerca ese pensamiento, no está justificado por la situación. Su negativa a priorizar tu trabajo sobre el suyo no significa que piense que tu trabajo no es importante.

Una forma de pensar en esto es que los hechos de una situación son diferentes al significado de una situación. El objetivo es separar los hechos de los pensamientos y sentimientos sobre la situación. Un ejemplo podría ser que podrías describir a tu hijo como muy grosero con su maestro. "Grosero" es un adjetivo y describe lo que piensas sobre las acciones de tu hijo, pero no describe lo que hizo tu hijo. ¿Cuál fue exactamente la acción?

No registres situaciones con tus pensamientos y sentimientos incorporados en ellos. En lugar de pensar "Estaba tan enojado con mi madre cuando llegó tarde," separa esos dos elementos. Tu madre llegó tarde, y estabas enojado. El evento sucedió, sin los sentimientos, y luego los sentimientos ocurrieron.

A veces es difícil identificar tus sentimientos. Los sentimientos son descripciones de emociones en una palabra. A veces podemos pensar que estamos sintiendo enojo, pero en un análisis más cercano, en realidad estamos ansiosos o asustados.

Puede ser útil simplemente mirar una lista de sentimientos cuando estás preocupado y ver si alguno de ellos resuena.

Si te encuentras luchando por identificar cómo te sientes, mira esta lista y anota cuáles te resuenan. Una vez que empieces a prestar atención a tus sentimientos, será cada vez más fácil etiquetarlos. Algunas personas nunca se han preguntado a sí mismas la pregunta "¿qué estoy sintiendo?".

Presta especial atención cuando estés tenso físicamente o molesto e intenta etiquetar tus sentimientos en ese momento.

A veces es difícil identificar nuestros sentimientos porque tenemos una tendencia a identificar los pensamientos como sentimientos. Podríamos decir "Me siento estúpido", pero lo que realmente quieres decir es que "Pienso que soy estúpido" y en consecuencia "Me siento molesto". Los pensamientos están muy cerca de los sentimientos, pero necesitamos aprender a separarlos.

Después de que seas bueno identificando tus sentimientos, el siguiente punto en la agenda es identificar tus comportamientos. Pregúntate, ¿qué hiciste? Estás buscando comportamientos que eviten la situación, sean impulsivos o que probablemente empeoren la situación. A veces minimizamos nuestro comportamiento, pero tomarse el tiempo para analizar cuidadosamente lo que hiciste es importante. Puedes describir lo que hiciste después de enojarte con un amigo como "soltar vapor", pero cuando enfrentas los hechos de frente, lo que realmente hiciste fue golpear una pared y romperte la mano.

A veces describimos nuestros comportamientos como "rendirse" o "perder los estribos", pero intenta ser más específico/a al describir tu comportamiento.

El elemento interviniente, entre el evento y los sentimientos y comportamientos, son los pensamientos. Recuerda nuestro modelo de TCC de antes. Los eventos suceden en el mundo, tenemos pensamientos sobre ellos, y esos pensamientos causan sentimientos y comportamientos. Después de tener una idea de qué eventos causan emociones y comportamientos negativos, el siguiente paso es empezar a identificar los pensamientos problemáticos que tienes sobre esos eventos.

Algunos pensamientos son conocidos como pensamientos calientes, porque llevan una emoción y están fuertemente conectados a sentimientos intensos. Tenemos algunos pensamientos que son simplemente sobre el mundo y son hechos básicos o juicios. Algunos otros pensamientos, sin embargo, evocan un sentimiento intenso. Los pensamientos calientes pueden ser cosas como "Mi padre nunca aprecia lo que hago por él" o "Siempre meto la pata." Estos pensamientos son a los que debes prestar mucha atención.

Al revisar las situaciones que has descubierto que conllevan a emociones o comportamientos problemáticos, piensa detenidamente y evalúa cuáles fueron exactamente los pensamientos que llevaron a la emoción. Por ejemplo, tal vez te enojaste mucho cuando un colega de trabajo no respondió a un correo electrónico rápidamente. La situación fue "24 horas sin respuesta a este correo electrónico". El sentimiento fue "enojo". Tal vez el comportamiento que realizaste fue "escribir un correo electrónico de seguimiento sarcástico". ¿Cuál fue el pensamiento que contribuyó a ese sentimiento y comportamiento? Quizás fue algo como "no responder a mis correos electrónicos es faltarme el respeto". Y, correspondientemente, "la respuesta apropiada al desprecio es la ira".

Aprender a analizar situaciones en el detalle que hemos utilizado en este capítulo es crucial para poder separar nuestros pensamientos de la situación, el sentimiento y el comportamiento.

A medida que aprendes a identificar tus pensamientos, puede ser útil usar un registro diario de pensamientos. Algunas personas imprimen hojas de trabajo, pero a otras simplemente les gusta tener un cuaderno donde puedan anotar lo que están pensando. Cuando sabes cuáles son tus pensamientos, puedes empezar a contraatacarlos.

Capítulo 4: Cambiando tu propia mente

El capítulo anterior fue una discusión sobre cómo identificar situaciones problemáticas y los pensamientos, sentimientos y comportamientos que surgen de ellas. Si te has involucrado completamente en el proceso de autoanálisis, es probable que tengas muchos y muchos pensamientos. ¿Cómo eliges en qué pensamientos centrarte para cambiar?

- Busca pensamientos que te provoquen reacciones emocionales intensas. Si el pensamiento te hace sentir furioso o lleno de desesperación, ese es un pensamiento importante con el que trabajar.

- Busque pensamientos asociados con patrones de comportamiento fuertes. Tal vez cada vez que pensaba en algo en particular, bebía demasiado. O tal vez cada vez que piensas "No soy bueno en situaciones sociales", te retirabas de la fiesta.

- Busca pensamientos asociados con tus problemas principales. Por ejemplo, si luchas contra un trastorno alimenticio, busca pensamientos relacionados con la comida, la alimentación y tu cuerpo.

- Busque pensamientos que sean intensamente o

fuertemente negativos. Los pensamientos en la "tríada cognitiva" que discutimos en el capítulo anterior son súper relevantes allí.

Después de recopilar estos pensamientos, haz una elección sobre con cuál comenzar. Probablemente sea demasiado difícil trabajar en combatir todos tus pensamientos problemáticos a la vez, así que es mejor elegir un enfoque inicialmente.

Una vez que hayas identificado un pensamiento objetivo, trabajarás para cambiarlo. Este capítulo habla sobre dos maneras de intervenir contra un pensamiento que te está causando problemas. Primero, puedes evaluar la evidencia empírica del pensamiento y determinar si es completamente cierto. Segundo, puedes buscar pensamientos alternativos y otras formas de pensar sobre una situación.

Diferentes pensamientos se abordarán mejor de diferentes maneras. Te sugeriría que leas y proceses todo este capítulo, pero. Si encuentras que uno de los métodos de intervención no parece aplicarse, está bien. A veces puedes evaluar la evidencia de un pensamiento problemático y determinar que es cierto. En ese caso, deberías pasar a los otros estilos de intervención.

Intervenciones basadas en evidencia

La primera intervención de la que vamos a hablar son las "intervenciones basadas en evidencia". Estas son mayormente exitosas cuando encuentras que tu pensamiento acerca de un tema está distorsionado o excesivamente negativo. Esto ocurre cuando de alguna manera has percibido de forma equivocada cómo es el mundo "realmente". A veces interpretamos el mundo para que encaje con las creencias existentes sobre nosotros mismos o sobre el mundo y no logramos ver qué es lo que realmente sucedió.

Este modelo de pensar acerca de los pensamientos asume que nuestras percepciones de los eventos se basan en dos fuentes. Primero, están los hechos reales de la situación en la que nos encontramos. Segundo, tenemos un conjunto de creencias, suposiciones y esquemas que nos ayudan a interpretar esos hechos. Es la interacción entre el mundo real y nuestras creencias internas lo que lleva a nuestros pensamientos específicos en situaciones individuales. Estas creencias fundamentales son algo de lo que vamos a hablar en el Capítulo 6.

El próximo capítulo repasará una lista de distorsiones cognitivas y hablará sobre cada una individualmente, por lo que este capítulo será más general. Vamos a hablar sobre la estrategia general de evaluar las distorsiones cognitivas.

Un problema principal es que nuestros pensamientos generalmente parecen correctos. Nadie piensa cosas y al mismo tiempo piensa que esas cosas son falsas. La premisa misma de creer en algo es que crees que es verdad. Una realización importante es que solo porque algo parezca verdadero, no significa que lo sea. Es solo un pensamiento.

Todo lo que decimos sobre el mundo es solo una probabilidad y podemos pensar cosas incorrectas sobre el mundo. Es importante reconocer que los pensamientos pueden ser falsos. Es crucial permanecer abierto a la idea de que tus pensamientos pueden no ser la verdad absoluta sobre el mundo.

Los pensamientos pueden ser evaluados en base a los datos de tu experiencia. Tienes toda una vida de experiencias que puedes usar para determinar si los pensamientos son verdaderos. Incluso puedes llevar a cabo experimentos para probar tus pensamientos, si tienes dudas sobre ellos.

Porque tiendes a asumir que tus pensamientos son ciertos, el uso de una hoja de trabajo como esta para analizar la evidencia puede ayudar a iniciar un proceso de autorreflexión. Quieres encontrar pensamientos equilibrados que reflejen con mayor precisión el mundo y la evidencia a tu alrededor.

Solo un caso de buscar evidencia de un pensamiento no llevará a un cambio total. Necesitas completar este proceso muchas veces, en varias versiones de pensamientos automáticos problemáticos similares, antes de comenzar a ver un cambio sistemático en tus patrones de pensamiento. Al mismo tiempo, debido a que la mayoría de las personas tienen patrones recurrentes de pensamiento negativo, enfocarse en un registro de pensamiento ayudará a todo el patrón.

Una realidad de la situación es que tendrás algunas pruebas para tus pensamientos problemáticos. Piensas estas cosas por una razón, incluso si las razones están algo exageradas. Algunas personas encuentran muy útil escribir estas pruebas. Cuando está en blanco y negro frente a ti, puede sentirse mucho más accesible. Es un hecho del que puedes hablar, en lugar de algo nebuloso y aterrador. A menudo, cuando escribes la prueba negativa, descubres que no hay tanto como piensas. Y, cuando descubres que los pensamientos negativos son bastante precisos, esa es una oportunidad para resolver problemas e intentar encontrar una solución de comportamiento para la situación.

Es importante ser diligente al cuestionarte a ti mismo para revelar evidencia que contradiga el pensamiento negativo original. Es más fácil apoyar tus pensamientos que intentar refutarlos. Hazlo casi como un desafío para ti mismo o como un juego para intentar pensar en la mayor cantidad de evidencia en contra de tu pensamiento como sea posible.

Recuerda que la evidencia necesita ser concreta y detallada. Cuando evalúas la evidencia a favor y en contra de un pensamiento automático negativo, es similar a pesar la evidencia en una balanza. En un lado está la evidencia a favor del pensamiento y en el otro lado está la evidencia en contra. Debido a que estamos más enfocados en lo negativo, la evidencia a favor del pensamiento negativo tiende a ser muy pesada y llena de detalles. Recordamos con exactitud, viveza y doloroso detalle lo que hemos hecho mal. A menudo, la evidencia en contra de un pensamiento doloroso será más vaga y abstracta. Cuanto más puedas especificar ejemplos detallados de evidencia, más emocionalmente involucrado estarás y más creerás en la evidencia en contra del pensamiento.

Si tienes la idea de que eres malo haciendo amigos, es posible que tengas ejemplos emocionales y vívidos de veces en que tus intentos de acercarte a otros fallaron. Tal vez cuando invitaste a cuatro personas a cenar, ninguna de ellas dijo que sí. Eso es fácil de recordar y parece ser una evidencia muy fuerte. Por otro lado, cuando piensas en evidencia en contra de esta idea, es posible que solo tengas el pensamiento vago de que tienes "algunos amigos". Hazte preguntas para que esa evidencia sea más convincente.

¿Cuáles son algunos ejemplos de algunos de tus amigos? ¿Cómo son tus amigos? ¿Qué tipo de cosas hacías con tus amigos? ¿Cómo supiste que querían ser amigos?

Al hacer estas preguntas, completas detalles. Tal vez descubras que realmente tienes dos o tres buenos amigos que ves a menudo los fines de semana y te reúnes con tus hijos para jugar. Quizás has estado demasiado estresado para comunicarte, recientemente. Puede que incluso ellos hayan tratado de comunicarse contigo y te haya resultado demasiado difícil decir que sí.

A veces será el caso de que encuentres que no tienes suficiente evidencia para llegar a una conclusión en absoluto. Esta es una situación útil, porque significa que no tienes la evidencia para creer en el pensamiento negativo. ¿Por qué creer en algo que te causa dolor si no hay razón para creerlo?

Esta es una situación útil para recopilar más evidencia también. Pregunta a las personas en las que confías sobre su perspectiva sobre tu pensamiento. Si crees que nadie respeta tu trabajo, pídele a un compañero de trabajo cercano una opinión honesta. Pídele a tu jefe una evaluación. Descubre la información que necesitas para saber si el problema está en tu pensamiento o en tu comportamiento.

Muchas personas no solo distorsionan eventos pasados, sino que también predicen futuros negativos. Las personas que luchan con la ansiedad se centran particularmente en resultados negativos. Como aprendimos en el Capítulo 2, incluso puedes hacer que los resultados negativos se conviertan en realidad al enfocarte demasiado en ellos. Nuestras expectativas negativas pueden convertirse en profecías autocumplidas.

De la misma manera en que evalúas la evidencia de un pensamiento sobre el pasado o presente, puedes evaluar la veracidad de una predicción. Escribe lo que esperas que suceda y luego aclara específicamente qué tomarías como evidencia para confirmar o refutar la predicción. Pregúntate cuál sería el peor escenario, el mejor escenario posible y el resultado más realista. ¿Qué evidencia encajaría con cada situación?

Identifica cómo recopilarás las pruebas relevantes para la situación. Crea un plan para evaluar tus expectativas. Si es necesario, encuentra una forma de registrar esas pruebas.

Utiliza los hechos sobre el mundo para atenuar tus expectativas negativas sobre el mundo.

Al pensar en el futuro, a veces la realidad es que no sabrás lo que sucederá. Es importante aprender a tolerar la incertidumbre. Los resultados negativos que temes son probablemente posibles, pero no son seguros. El hecho de que sean posibles debe ser aceptado, incluso si da miedo. Pero la posibilidad no es certeza, y no es útil verse abrumado por el miedo.

En general, a veces será más fácil argumentar en contra de un pensamiento negativo si intentas despersonalizarlo. Hazte preguntas como estas:

- ¿Qué le dirías a alguien que pensara de esta manera?
- ¿Qué crees que diría alguien que se preocupó por ti si supieran que tenías este pensamiento?
- Si te sintieras mejor, ¿qué pensarías?
- ¿Qué pensarías dentro de cinco años?

Estos tipos de preguntas pueden ayudarte a encontrar evidencia que de otra manera estarías inclinado a ignorar.

Pensamientos alternativos

Las estrategias basadas en evidencia suelen ser efectivas, pero no funcionan cuando. El pensamiento original fue distorsionado. A veces, el pensamiento original es negativo y conduce a la angustia emocional, pero puede que no esté distorsionado. A veces los pensamientos negativos son precisos. Cosas malas en realidad le suceden a personas buenas. A veces, también, hay una distorsión de algún tipo, pero es útil combinar la intervención basada en evidencia con otros tipos de estrategia.

A veces, cuando revisas la evidencia relacionada con un pensamiento negativo, descubrirás que el pensamiento no es útil. La evidencia puede no ser claramente negativa, pero está claro que el pensamiento no te está beneficiando de ninguna manera. En esta situación, suele ser útil intentar generar pensamientos diferentes y más adaptativos. Estos pensamientos con suerte serán más útiles, más afectuosos y más compasivos.

Hay poco valor en reemplazar una distorsión negativa con una distorsión positiva, por lo que es importante que este pensamiento sea preciso. Pero mientras estés generando posibles alternativas, concéntrate en qué son las alternativas antes de invertir tiempo evaluándolas. Es fácil obsesionarse con los detalles y no ser capaz de pensar en otras posibilidades.

Piensa en qué pensamientos son más útiles y compasivos. Recuerda, eres una persona valiosa y mereces felicidad en tu vida. ¿Qué pensamientos son más acordes con ese hecho? En general, permítete imaginar qué pensaría una persona feliz sobre la situación o qué pensaría una persona buena. Proyecta positividad y desde esa perspectiva, imagina en qué podrías pensar sobre la situación.

Una vez que tengas una lista de posibilidades, considera las ventajas y desventajas de diferentes formas de pensar sobre la situación. El pensamiento negativo te ha estado causando dolor, eso es una desventaja. ¿Tiene alguna ventaja? ¿Tiene alguna desventaja el pensamiento más feliz y positivo? Considera cuidadosamente cuáles serían los beneficios para tu vida si adoptaras el pensamiento positivo.

Imaginemos que tienes el pensamiento de que no eres bueno

para hacer amigos. Ese pensamiento tiene algunas pruebas, tal vez no tienes tantos amigos como te gustaría, y puedes pensar en instancias específicas en las que has fallado en hacer amigos. Por supuesto, hay algunas pruebas en contra de ello, tienes algunos amigos y fuiste capaz de conocerlos. De cualquier manera, si observas los efectos de ese pensamiento, puede ser ilustrativo. Este pensamiento contribuye a la tristeza, lo cual tiene un efecto negativo. También te lleva a alejarte de situaciones sociales y oportunidades de relacionarte con nuevas personas. De esa manera, puede convertirse en una profecía autocumplida.

Si eliges creer que es posible que puedas hacer nuevos amigos, es posible que te sientas menos triste. Ese sería un beneficio. También significaría que serías más propenso a ponerte en situaciones donde interactúas con extraños de manera amigable. Muy probablemente resultaría en más amistades. Y no tienes que pensar en nada irrealista; no tienes que imaginar que eres increíblemente extrovertido y sociable. Lo único que tienes que aceptar es que es posible que puedas hacer nuevos amigos.

En un análisis detenido, encontrarás muchos pensamientos que tienen esta estructura. Darle un giro alternativo y más positivo a tus pensamientos automáticos podría aumentar considerablemente tu felicidad.

Algunas personas luchan por generar pensamientos alternativos felices o positivos. Si te encuentras en esta situación, una opción sería hacer una lluvia de ideas con un ser querido o alguien que tenga tus mejores intereses en el corazón. Ellos podrían ayudarte a descubrir formas alternativas de ver tu vida. Incluso podrías encuestar a amigos sobre el pensamiento, para saber qué opinan. Si consideras que cierto vecindario es inseguro, tal vez podrías preguntar a la gente sobre el tiempo que han pasado en ese vecindario.

Si tus pensamientos tienen un fuerte carácter moralista o religioso sobre lo que es correcto e incorrecto, intenta hablar con un miembro del clero o un asesor religioso de confianza. A menudo, están acostumbrados a ayudar a sus seguidores a trabajar a través de cuestiones complicadas de moralidad y aprender a ser más felices consigo mismos.

Si luchas por aceptar pensamientos alternativos, incluso cuando sabes que serían mejores y más saludables para ti, intenta imaginarte hablando con un niño. ¿Qué le dirías a un niño que se siente de la misma manera que tú te sientes? ¿Cómo les aconsejarías ajustar sus pensamientos? Esta estrategia puede ser útil porque a menudo somos más amables y compasivos con los demás que con nosotros mismos. Si no encuentras la idea de hablar con un niño convincente, imagina hablar con un amigo que acudió a ti con un eco de tus pensamientos. ¿Cómo les aconsejarías ajustar su forma de pensar?

Una estrategia que puedes usar con pensamientos alternativos se llama TIC-TOC, un acrónimo que se refiere al sonido del tic-tac de un reloj. TIC-TOC significa "pensamientos que interfieren con la tarea - pensamientos que orientan la tarea." La idea es emparejar un pensamiento negativo frecuente que interfiere con tu vida con un pensamiento positivo que puedas traer repetidamente para contrarrestar el pensamiento negativo. Quizás te encuentres pensando continuamente "no puedo hacerlo" cuando te enfrentas a ciertos tipos de tareas. Si desarrollas un pensamiento alternativo creíble y rápido, puedes entrenarte para seguir el pensamiento negativo con uno positivo. Un ejemplo podría ser "cada pequeño paso ayuda" o "no tengo que hacerlo todo ahora mismo." El objetivo es hacer que la alternativa se suministre automáticamente, cada vez que piensas el pensamiento negativo.

Así que, si piensas "No puedo hacerlo", comenzarás a responder automáticamente "Cada pequeño paso ayuda". Usar una alternativa corta y pegajosa para contrarrestar tu breve pensamiento negativo es una gran estrategia.

Capítulo 5: Distorsiones cognitivas

En el proceso de sopesar tus propias distorsiones cognitivas, a menudo es útil tener una idea de cuáles son los tipos comunes de distorsiones cognitivas. Estos errores en el pensamiento son especialmente propensos a empeorar los síntomas de cosas como la depresión y la ansiedad, pero todas las personas ocasionalmente caen en la distorsión cognitiva. Lo importante es ser capaz de reconocer cuándo estás cometiendo un error y corregirlo.

Este capítulo va a repasar una lista de diferentes distorsiones cognitivas. No todas ellas resonarán contigo; la mayoría de nosotros somos más propensos a algunas distorsiones cognitivas que a otras. Cuando encuentres una que te resulte familiar, tómate nota cuidadosa de ella. Quieres aprender a poder identificarla en tu propio pensamiento y contrarrestar el error.

Sacar conclusiones precipitadas

En general, la distorsión cognitiva de sacar conclusiones precipitadas consiste en llegar a una conclusión sin pruebas suficientes. En lugar de evaluar cuidadosa y razonablemente todas las entradas, vas directamente a una conclusión particular. Por lo general, esa conclusión es negativa y significa cosas malas sobre tu vida. Esto causa mucho dolor.

Una versión de esta distorsión es conocida como "lectura de la mente". Es la creencia de que podemos decir lo que otras personas están pensando. Por supuesto, es posible tener evidencia del comportamiento y la postura física sobre lo que las personas están pensando, pero a menudo sobreextrapolamos y llegamos a conclusiones demasiado específicas. Por ejemplo, podríamos ver a un extraño hacer una cara desagradable y concluir que está pensando algo negativo sobre ti. Eso sería un ejemplo de sacar conclusiones apresuradas. No tenemos la evidencia para saber lo que ella está pensando y, sin embargo, sacas conclusiones de todos modos.

Adivinación es otro tipo de saltar a conclusiones. Esto se manifiesta como la tendencia a hacer predicciones basadas en poca información y aferrarse a ellas como inevitables. Un ejemplo sería decir que es imposible que encuentres el amor, porque aún no lo has encontrado. Es adivinación cuando ves un resultado posible como la única posibilidad, en lugar de una entre muchas.

Personalización

Esta distorsión implica tomar todo y a todos de forma personal. La distorsión funciona al hacerte responsable de todo lo que sucede a tu alrededor. Podrías asumir que si alguien está de mal humor, es porque están irritados contigo. O, si tu equipo no ganó el juego, es culpa tuya.

Esta distorsión implica hacerte el centro del universo. Es natural, en muchos aspectos, hacer eso. Somos la persona más importante para nosotros mismos. Pero puede ser una realización liberadora enfocarse en el hecho de que los demás no piensan en nosotros casi tanto como piensan que lo hacen. Mayormente las personas están preocupadas consigo mismas.

Tendencia atribucional

Un tipo de distorsión cognitiva es un "sesgo atribucional". Las atribuciones son la forma en que explicamos las causas de los eventos. Hay tres elementos de atribución: locus (interno vs externo), estabilidad (ocurrencia única/estable vs permanente/estable) y especificidad (específico para una situación vs global). El locus se refiere a si crees que los eventos son causados por características sobre ti mismo o características en el mundo exterior. La estabilidad es si crees que las causas de los eventos son permanentes o si es una ocurrencia particular, única. La especificidad es similar pero más sobre si esta causa es solo sobre una parte de tu vida o tu existencia completa.

La investigación ha demostrado que la depresión está relacionada con la tendencia a hacer atribuciones internas, estables y globales para el fracaso. Es decir, cuando algo sale mal, alguien con depresión asume que la culpa está en ellos mismos de tal manera que nunca cambiará y afectará a todas las partes de su vida. Al mismo tiempo, las personas deprimidas hacen atribuciones externas, inestables y específicas para el éxito. Si tienen éxito, fue suerte y no significa nada sobre el futuro.

Las personas con problemas de ira tienen una estructura diferente. Tienden a hacer atribuciones externas, estables y globales para los resultados negativos. Podrían pensar, "él quiso insultarme, y lo hará de nuevo." Esta es una razón para la emoción dirigida hacia afuera de la ira.

A veces, cuando examinas las atribuciones de los eventos, descubrirás que estás utilizando otras distorsiones cognitivas. Puede que estés leyendo la mente, es decir, asumiendo que conoces la vida interna de otras personas y por qué actúan de cierta manera. También puede que estés personalizando, lo cual significa interpretando los eventos como si fueran completamente sobre ti.

A veces es útil hacer un gráfico para probar cómo estás atribuyendo los resultados causales. Alguien podría pensar "mi esposa me dejó porque fui un esposo tan malo", atribuyendo así el 100% de la culpa a sí mismo. Pero si haces un gráfico de pastel y realmente lo consideras, podrías descubrir que hay otras causas. Probablemente la esposa tuvo cierto efecto en el fracaso de la relación, especialmente si tomó la decisión de irse. Tal vez, si consideras la situación, podrías asignarle el 30% de la responsabilidad. Y tal vez, al considerarlo, su familia extendida te odiaba y no apoyaba la relación. Tal vez ellos tienen el 10% de la responsabilidad. Y tal vez tenías una gran cantidad de estrés relacionado con el trabajo y viajes, así como problemas financieros. Dale el 10% a cada uno de esos factores.

Si lo miras con esos factores incluidos, es posible que solo tengas un 40% de responsabilidad en la situación. Todavía es útil asumir la responsabilidad, pero no es útil culparte a ti mismo cuando los hechos no lo respaldan.

Sobregeneralización

Esta es una versión del sesgo de atribución. Esta distorsión ocurre cuando tomas una instancia y la generalizas a todo un patrón. Si recibes una mala nota, extrapolas que siempre recibirás malas notas y que eres un mal estudiante.

El mayor problema con este tipo de distorsión cognitiva es que no es un pensamiento muy racional. La inferencia, o el proceso de llegar a conclusiones generalizables a partir de situaciones específicas, es una de las cosas más difíciles que los humanos hacen. Es muy difícil generalizar sobre todo el mundo basado en detalles específicos. Cuando lo haces, es muy probable que estés equivocado.

Incluso peor que hacer una mala predicción, tu sobregeneralización puede convertirse en una profecía autocumplida. Si crees que eres un mal estudiante en general, es posible que no te esfuerces tanto porque es doloroso confrontar tu fracaso. Entonces, lo harás peor de lo que lo harías de otra manera.

Falacias de control

Estas distorsiones ocurren cuando has identificado de manera incorrecta el locus de control, convirtiéndolas así en una variedad de sesgo de atribución. Las falacias de control se manifiestan ya sea al pensar que no tenemos control sobre nuestras vidas y somos víctimas totales del destino, o al pensar que tenemos un control total sobre nosotros mismos y nuestro entorno, lo que significa que somos totalmente responsables de todo. Ambos son incorrectos. La verdad está en algún punto intermedio. Tenemos cierto grado de control sobre nuestras vidas y también estamos en cierto sentido sujetos a la aleatoriedad. Incluso en situaciones en las que te sientes totalmente fuera de control, tienes opciones sobre tu mentalidad y enfoque interno de la situación.

Etiquetado

Una distorsión cognitiva común es la asignación de una etiqueta. Las etiquetas son problemáticas porque se sienten permanentes y hacen que cualquier cambio se sienta imposible. Las personas pueden encontrarse con problemas al etiquetarse a sí mismas, así como a otras personas. Cuando analizas las etiquetas en tu vida, encontrarás que a menudo se convierten en profecías autocumplidas. Si etiquetas a tu jefe como malo, interpretarás su comportamiento como malo.

Es importante reconocer que las personas son complicadas, y no conoces a nadie, ni siquiera a ti mismo, lo suficientemente bien como para etiquetarlos en general. Siempre te pueden sorprender y hacer algo que no esperabas. Nuevos eventos pueden revelar nuevas facetas de tus propias habilidades y personalidad.

Cuando haces una etiqueta general como "malo" o "estúpido", estás ignorando la posibilidad de nuevas evidencias. A menudo, cuando se trata de una etiqueta negativa aplicada a ti mismo, es posible que estés ignorando la evidencia para hablar mal de ti mismo. Utiliza las habilidades que discutimos en el último capítulo para evaluar la veracidad de la etiqueta y si tienes suficiente evidencia para hablar absolutamente.

Pensamiento de todo o nada

Esta es una distorsión cognitiva muy común con la que muchas personas luchan. Puede implicar un sesgo atribucional extremo (todo es culpa mía), también puede haber juicios extremos sobre una variedad de cosas. Por ejemplo, alguien podría pensar "fue lo peor que me he sentido", o "soy un fracaso total", o "él es la persona más difícil del mundo".

A menudo, en lugar de expresar una tendencia, expresamos un absoluto. Utilizamos términos categóricos. Podríamos decir "mi jefe es totalmente inútil". La palabra "totalmente" es una señal de que estás respondiendo con un pensamiento de todo o nada. Generalmente, las personas varían en cuanto a su utilidad, y ésta puede mejorar con el tiempo con habilidad. Si te encuentras pensando algo tan absoluto, a menudo es buena idea evaluar cómo llegaste a ese juicio.

A menudo es útil explorar el continuo de posibilidades. Imagina diferentes puntos en una escala y cómo alguien podría ser más o menos útil. Incluso puedes diseñar pequeños experimentos para probar la validez del pensamiento original; tal vez le pides algo a tu jefe que esté en línea con lo que sabes de su experticia. Esto ayuda a fomentar una mayor variedad de pensamientos y un estilo más basado en evidencias.

A veces, cuando estás utilizando el pensamiento de todo o nada, estás tratando de expresar alguna verdad subyacente. Por ejemplo, el jefe tal vez no sea "totalmente inútil", pero tal vez no sea un buen jefe. Puede estar haciendo tu trabajo innecesariamente difícil. ¡Quizás quieras buscar un trabajo mejor! El beneficio de avanzar hacia un pensamiento menos extremista no es que siempre estés equivocado acerca de tu evaluación, sino que el juicio absoluto rara vez es consistente con la evidencia. Quieres intentar ser menos dramático y basar más tus pensamientos en la evidencia.

Razonamiento emocional

El razonamiento emocional es un tipo de distorsión cognitiva en la que se asume que tus sentimientos validan los pensamientos que estás teniendo. Piensas que las cosas son ciertas porque sientes algo. Por ejemplo, podrías pensar "Mi madre quería castigarme; me sentí tan culpable." Pero, cuando lo piensas, la razón por la que piensas que tu madre quería castigarte es tu sentimiento de culpabilidad.

Podrías sentirte culpable por varias razones, algunas de las cuales podrían estar realmente relacionadas con el comportamiento de tu madre, pero el estado emocional de culpa en sí mismo no puede ser una razón por la cual la causa sea verdadera. Esto es un error lógico. El efecto de algo no puede determinarse solo porque algo lo sigue.

Es importante explorar la situación actual. ¿Hasta qué punto se explica tu sentimiento por el comportamiento de tu madre en lugar de tus pensamientos internos sobre ese comportamiento? Podrías explorar otras razones por las cuales tu madre pudo haber tenido ese comportamiento.

Aparte de hacerte sentir culpable. Se necesita una evaluación de las pruebas y la recopilación de datos para determinar la verdad. Solo porque sientas algo muy intensamente, no significa que sea cierto.

Filtro mental

Esta distorsión cognitiva implica centrarse en lo negativo. A veces nos quedamos atrapados en partes específicamente negativas de una situación y no evaluamos todas las pruebas de manera equitativa. Esto puede manifestarse al mirar una situación específica y extrapolarla a toda la relación, por ejemplo. También puede manifestarse al descalificar los aspectos positivos de la situación.

Si recibes una reseña positiva en el trabajo, es posible que la descartes atribuyéndola a que tu jefe simplemente es demasiado amable. Esta es una versión particularmente problemática, porque significa que no podrás ver pruebas positivas.

Magnificación o Minimización

Estas distorsiones cognitivas se trata de exagerar la importancia o significado de las cosas o, alternativamente, minimizar la importancia de las cosas. La magnificación es también conocida como "catastrofismo". Esto es común en personas con ansiedad. Algo sucede, y en lugar de ser considerado en contexto, se toma como la peor cosa del mundo y un desastre total.

Declaraciones de Debería

Una distorsión particularmente dañina es centrarse en las declaraciones de "debería". Las declaraciones de "debería" son cuando te dices a ti mismo que "deberías" hacer algo, o que "tienes" que hacer algo, o que "debes" hacer algo.

También pueden imponerse a otros, creando expectativas fuertes y probablemente inalcanzables.

Aferrarse firmemente a lo que "debería" suceder a menudo resulta en culpa cuando no podemos alcanzar nuestros objetivos. En lo que respecta a los demás, pensar demasiado en lo que "deberían" hacer conducirá a la ira y al resentimiento.

Falacia de la equidad

Esta falacia está relacionada con las "afirmaciones de deber," en el sentido de que también se refiere a lo que "debería" suceder. En lugar de aplicar afirmaciones de deber a otras personas, en este caso lo aplicas al mundo. Podrías pensar, el mundo debería ser justo. La realidad es que no lo es, sin embargo.

Si juzgas todas las circunstancias por si es justo o no, probablemente pasarás gran parte de tu vida enojado, resentido y desesperanzado. Inevitablemente te encontrarás en muchas situaciones que son profundamente injustas.

Falacia del Cambio

Esta distorsión implica la idea de que podemos cambiar a los demás si actuamos correctamente. Es la idea de que si hago algo bien, entonces la otra persona cambiará su comportamiento. La realidad es que solo el individuo puede cambiar por sí mismo. Tu comportamiento tiene muy poco que ver con las decisiones que toman sobre sus propias vidas. Caer en esta falacia puede ser muy frustrante y también puede llevar a problemas en tu relación con la otra persona, ya que los presionas para que cambien según tus términos.

Siempre tener la razón

Esta distorsión cognitiva proviene de la idea de que es totalmente inaceptable estar equivocado o incorrecto. Si tienes la creencia de que siempre debes tener la razón, ser correcto o preciso, la posibilidad de fracasar es aterradora y puede llevar a peleas fervientes para demostrar que tienes la razón. Esto es problemático, porque muy bien podría llevar a aferrarse a un esfuerzo fallido y a otros comportamientos negativos. En general, también es una distorsión porque el valor de nadie depende de tener la razón todo el tiempo. No hay nada malo en equivocarse y todas las personas ocasionalmente cometen un error.

Capítulo 6: Creencias fundamentales

Las creencias fundamentales son parte de cómo interactuamos con el mundo. Una parte clave del modelo cognitivo es que nuestros comportamientos y sentimientos son un efecto combinado de la situación que nos rodea y de nuestras creencias sobre el mundo y sobre nosotros mismos. Eso significa que, si bien existen algunas habilidades cruciales para la vida que pueden ayudar a resolver problemas que surgen, también hay creencias fundamentales importantes que determinan cómo respondemos a las situaciones.

Un método para determinar cuáles son tus creencias básicas se conoce como la "flecha descendente". En este método, tomas un ejemplo individual de un pensamiento negativo y piensas para ti mismo, ¿y qué pasa si fuera verdad? ¿Cuál es el significado de que este pensamiento sea verdad? Si te preguntas cuál es la implicación de ese hecho, tendrás otra creencia. Y luego puedes preguntarte, cuál es la implicación de eso. Esto puede continuar y continuar hasta que llegues a una conclusión amplia e irrevocable, que no tiene ningún otro lugar a donde ir.

Un ejemplo de esto podría ser la evaluación del pensamiento "Voy a quedar como un tonto si hablo en clase." Si aceptas que es verdad, que quedarías como un tonto si hablas, ¿qué podría significar eso? Una cosa es que podría significar que tu incompetencia sería clara para todos y que te sentirías avergonzado. Y luego te preguntas, ¿qué significa eso? Quizás piensas que si todos supieran lo incompetente que eres, deberías salir de la clase e ir a hacer otra cosa. Y luego te preguntas, ¿qué significaría eso? Finalmente, dices que si tuvieras que dejar la escuela, simplemente te desmoronarías y morirías. A partir de eso, no hay más significado. Ese es el pensamiento final.

Este proceso puede llevarte a un lugar oscuro. Debes tener cuidado al hacerte estas preguntas e intentar recordar que cada uno de estos pasos no son inequívocamente verdaderos. Pero hacer las preguntas te permite identificar creencias centrales, que son aspectos amplios, estables y fundamentales de tu forma de pensar. Nuestros pensamientos superficiales reflejan nuestras creencias centrales y tenemos muchos pensamientos automáticos que son causados por nuestras creencias centrales.

Si las creencias centrales son tan fundamentales, ¿por qué esperamos hasta el capítulo 6 para hablar de ellas? Las creencias centrales son abordadas de manera más productiva después de haber trabajado con pensamientos más superficiales o automáticos. Trabajar con las creencias centrales puede ser angustiante y para algunas personas, innecesario. Algunas personas pueden ser ayudadas simplemente pensando en sus pensamientos automáticos. Pero para muchas personas con luchas sistemáticas de salud mental, si no abordan las creencias centrales, habrá una recaída.

Las creencias fundamentales tienen varios aspectos que incluyen actitudes, valores, suposiciones, creencias y esquemas. Las actitudes y valores son opiniones arraigadas sobre un tema, con algún aspecto emocional. Podemos tener actitudes positivas o negativas, y a menudo las actitudes se refieren a menospreciar a ciertas personas, ideas u objetos.

Las suposiciones son opiniones duraderas sobre las relaciones entre diversos conceptos o personas. Podemos asumir, por ejemplo, que las personas malas tendrán mala karma y les sucederán cosas malas. También puedes pensar, por ejemplo, que no eres amable y que a nadie le importarás. Estas afirmaciones son básicamente afirmaciones de "si, entonces". Tienes una suposición sobre la forma en que está estructurado el mundo y luego tienes una suposición relacionada sobre las implicaciones de esa creencia.

Creencias y esquemas son ideas razonablemente estables sobre objetos, personas y conceptos. Es probable que se formen como parte de tu desarrollo hacia la adultez. Muchas cosas influyen en el conjunto de creencias de un niño sobre el mundo, incluidos los padres, los medios de comunicación, los amigos y la escuela. A medida que los niños crecen y se desarrollan, sus experiencias personales reforzarán ciertas ideas que les han sido comunicadas. Con el tiempo, estas ideas se unirán para formar una creencia o esquema.

Estas creencias pueden ser categóricas ("todas las mujeres son volubles") o relacionales ("las personas atractivas solo se enamoran de personas atractivas"). Pueden estar dirigidas hacia uno mismo, hacia otros y hacia el mundo en general. Pueden ser históricas y específicas - "fui un niño feliz" - o estar orientadas hacia el futuro y ser generales ("nunca tendré éxito"). Dentro de las culturas, tienden a haber conjuntos compartidos de creencias. Las personas tienen que aprender el núcleo inicial de sus creencias de algún lugar, y tiende a ser del mundo que te rodea.

Si bien existen diferencias entre estas distintas variedades de creencias fundamentales, vamos a utilizar el término creencia fundamental para referirnos a todas ellas. Las creencias fundamentales son la forma en que procesamos nueva información y organizamos la información existente.

Eso significa que afectan tanto a nuestra memoria como a nuestra percepción. Solemos ignorar la información que no encaja bien con nuestras creencias fundamentales. Este sesgo es parte de la razón por la que estas creencias son tan duraderas: dejamos de notar la información que las contradice.

Todas las personas tienen creencias fundamentales. Solo se convierten en un problema cuando conducen a sentimientos o comportamientos que causan sufrimiento. Cuando descubres que tienes similitudes en los pensamientos recurrentes que causan comportamientos o sentimientos dolorosos, es muy probable que haya una creencia fundamental en la base de ellos.

Una persona podría tener la tendencia de llamarse a sí misma "estúpida". Otra persona podría responder a cada desafío diciendo que es "imposible". Para poder reconocer y enfrentarse con patrones como este, es crucial participar en el tipo de autoanálisis discutido en los capítulos 3-5.

Una pista de que estás cerca de una creencia central es si tienes la fuerte sensación de que una experiencia actual se relaciona con una experiencia anterior en la vida. Las experiencias recurrentes que se sienten como similares son una buena indicación de que tienes una creencia central que se relaciona con ambas experiencias. Si te dejan por una pareja romántica y se siente similar a cuando tus padres se divorciaron, puede haber una creencia central que esté influyendo en ambas situaciones para ti. Escucha cuidadosamente el contenido de tus pensamientos, cualquier sentimiento que esos pensamientos evocan y los comportamientos que haces en respuesta a ellos.

Otra manera de probar tus propias creencias principales es imaginar situaciones hipotéticas y pensar cómo responderías a esas situaciones. Si supones ciertos tipos de relaciones o acciones, probablemente podrás tener una idea bastante clara de cómo reaccionarías. A veces, imaginar situaciones hipotéticas puede ser un buen preludio para probarlas en realidad. Si te imaginas cómo reaccionarías al asistir a una iglesia nueva y desconocida y trabajas en tu reacción, podría ser posible hacerlo en realidad y ver qué sucede.

A veces es útil pensar en tu pasado para evaluar de dónde vienen tus creencias fundamentales. Las creencias fundamentales generalmente se forman porque de alguna manera son útiles, aunque sean disfuncionales en un sentido más amplio. Las creencias fundamentales sirven para relacionarte contigo mismo y con tu entorno. Por ejemplo, si te intimidaban de adolescente, podrías desarrollar la creencia fundamental de que de alguna manera eres raro o anormal. Eso al menos explicaría el comportamiento intimidatorio y, en cierto sentido, sería adaptativo en ese momento. Pero más adelante en la vida, esa creencia fundamental podría causar daño.

Una vez que tengas una idea clara de cuáles son las creencias centrales con las que estás trabajando, entonces necesitas comenzar el proceso de cambiarlas. Participa en esto con precaución, cambiar creencias centrales es mucho más difícil que abordar directamente los pensamientos automáticos.

Intervenir con creencias básicas comienza identificando las creencias básicas existentes y luego contrastándolas con una creencia básica "nueva" preferida que las reemplazará. Esto significa que un elemento crucial es tener un sentido claro de qué nueva creencia debería reemplazar a la antigua.

Una estrategia utilizada para cambiar creencias centrales es cambiar las creencias centrales de ser generales a ser más específicas. Alguien podría tener la creencia central de desconfiar de los demás. Esta creencia puede haberse formado a partir de muchas experiencias de vida, incluidos padres desvinculados, rechazo social, o incluso relaciones abusivas. Pero la desconfianza podría llevar ahora a cosas como rechazar acercamientos sociales de otras personas, miedo a los demás, y preguntarse constantemente sobre las motivaciones de otras personas. En lugar de tratar de abordar la creencia general de desconfianza, puede ser más fácil identificar los marcadores clave de la creencia y cambiar esos. En lugar de tratar de ser generalmente confiado, podrías intentar cambiar lo que te hace sentir desconfianza.

Las creencias fundamentales tienden a sostenerse con mucha fuerza y en términos de categorías amplias. Las creencias fundamentales comunes son cosas como "Soy totalmente inútil" o "las mujeres no pueden ser confiables". Con creencias tan fuertes como estas, a veces es difícil encontrar evidencia en contra de la creencia. Si algo se sostiene con tanta fuerza, la evidencia es difícil de ver. En ese caso, es probablemente útil discutir si las cosas pueden ser sostenidas con tanta fuerza en general. ¿Es posible que alguien sea totalmente inútil? ¿Realmente no hay ninguna mujer en la tierra que sea digna de confianza? Cuestionar la convicción de que la creencia fundamental siempre es cierta te ayudará a empezar a ver alternativas y posibles formas de sacudir la creencia.

Una forma de reforzar los cambios en las creencias centrales es identificar los marcadores clave de la nueva creencia central en la práctica. Si deseas adoptar la creencia central de ser amable y abierto con las personas, es útil pensar en qué comportamientos, pensamientos y sentimientos van de la mano con esa creencia central. Luego, una vez que tengas una idea de lo que respalda la creencia, puedes comenzar a hacer un seguimiento de tus acciones que están alineadas con la creencia que deseas fomentar. Esto desplaza tu enfoque hacia evidencia positiva y mantiene tu mirada en tu objetivo. En lugar de centrarte en lo negativo, puedes aprender a enfocarte en lo positivo. Esto puede darte incentivos para seguir trabajando en el desarrollo de la nueva creencia central.

A medida que tus creencias fundamentales comienzan a cambiar, deseas empezar a registrar evidencia para cada una de las creencias fundamentales con las que estás lidiando. Inicialmente, podrías encontrar evidencia que respalda la dominancia de tu antiguo sistema de creencias, pero a medida que el cambio comienza a suceder, la evidencia para el nuevo sistema se vuelve más creíble. A medida que sigues creciendo y cambiando, la fuerza relativa de la creencia en la antigua creencia fundamental se puede contrastar con la fuerza en la nueva creencia fundamental, lo que te permite ver cambios en tu mentalidad.

Es útil pensar en qué tipos de evidencia te harían cambiar de opinión sobre tus creencias fundamentales. A menudo, sentimos nuestras antiguas creencias fundamentales muy fuertemente y parece casi imposible imaginar un cambio. Empezar a preguntarte qué podría persuadirte de cambiar de opinión sería útil porque comenzará a prepararte para ver evidencia que quizás no hayas visto antes.

Trata de no establecer un estándar de evidencia tan alto que nunca se logre. Si tienes estándares de evidencia irreales, te verás obstaculizado en tu proyecto de cambiar tu creencia central. Pero al mismo tiempo, no te exijas estándares de cambio imposibles. Si has pasado toda tu vida pensando que todos están en tu contra, esperar que te transformes en alguien confiado y tranquilo con todas las personas que conoces es probable que te desanime. Puedes empezar a percibir prematuramente que estás fallando en cambiar de opinión. Una alternativa más realista podría ser aprender a darle a la gente una oportunidad antes de desconfiar de ellos. O bien, podrías comenzar a buscar signos específicos de confianza o desconfianza en alguien. El establecimiento de estándares realistas hace que el movimiento hacia nuevas creencias centrales sea mucho más posible.

Una forma de desarrollar facilidad con nuevas creencias fundamentales es la práctica simple. Por ejemplo, si tu antigua creencia fundamental era que eres incompetente, y la nueva creencia fundamental es que eres seguro de ti mismo y competente, puedes ayudar a establecer esto practicando actuando con seguridad y competencia. Encuentra situaciones donde puedas fingir ser seguro de ti mismo, incluso si al principio se siente forzado y artificial. Colócate en situaciones donde puedas tener éxito y aprender cómo se siente ser seguro de ti mismo. El principio de "finge hasta lograrlo" a menudo puede funcionar bastante bien. Simplemente el simple acto de fingir que actualizas tus nuevas creencias fundamentales a menudo puede hacer que sea mucho más fácil vivirlas.

Una forma de pensar en esta estrategia es establecer experimentos conductuales. Descubre cómo actuaría alguien que cree en tu nueva creencia central y luego intenta comportarte así, solo para ver cómo se sentiría. Intenta hacer lo que la nueva creencia central te pediría hacer y luego evalúa cómo se siente, cuáles son los resultados y si ayuda o no a tu vida de la manera en que crees que lo hará.

Por ejemplo, alguien con la creencia central de que fracasarán en cualquier cosa que intenten se comportará de manera diferente a alguien con la creencia central de que tienen la oportunidad de tener éxito. Si fingieras creer que podrías tener éxito, ¿cómo actuarías? ¿Qué intentarías hacer? Si en realidad haces esas cosas, podrías descubrir que cosas buenas surgen del experimento. La experiencia directa de actuar de manera consistente con la creencia central te ayuda a aprender a cambiar tu propia mente sobre en qué creer.

Mientras antes llamábamos a esta estrategia "finge hasta que lo logres", una mejor forma de pensar en ello sería "hazlo hasta que lo sientas". Cuando haces algo, comienzas a establecer patrones que eventualmente se filtrarán en tu mentalidad. Piensa en todas las formas en que tu creencia central deseada podría cambiar tu vida y simplemente comienza a hacer esas cosas, sin importar si se siente sincero o no. A medida que continúes haciéndolas, comenzarás a sentirte cada vez más auténticamente conectado con tus acciones.

Dedica un tiempo detallado a imaginar cómo actuarías si creyeras en la nueva creencia principal. Una forma de hacerlo es hacerte preguntas sobre áreas de tu vida donde estás insatisfecho y deseas cambiar. A veces incluso es útil explorar historias de otras personas sobre cambio para ver que es posible reestructurar radicalmente tu vida. Lee la biografía de alguien que admires y aprende cómo dieron forma a su vida de la manera en que deseaban que fuera.

A veces, cuando cambias radicalmente la forma en que interactúas con el mundo, recibirás resistencia de las personas a tu alrededor. Algunas personas podrían comentar o incluso reaccionar negativamente ante los cambios positivos en tu vida. Esto es una evidencia útil de quién te apoya realmente y quién quiere lo mejor para ti. No cedas a la presión social y vuelvas a tus antiguas formas, eso significaría ceder ante la antigua creencia fundamental.

Encuentra personas que apoyen la forma en que quieres que se vea tu vida. Es importante tener apoyo social, pero a veces descubrimos que nuestros entornos sociales no son propicios para los cambios que queremos hacer. Encontrar personas que estén de acuerdo con tus nuevos objetivos puede ser una forma saludable y beneficiosa de animarte a cambiar.

Una forma que puede ayudarte a realizar los cambios en la creencia fundamental que necesitas hacer es revisar tu pasado y determinar la historia de la aparición de la creencia. ¿Por qué crees lo que crees sobre el mundo? Rastrea tus experiencias tempranas y evalúa qué aspectos de ellas llevaron a tu conjunto actual de creencias. Esto a menudo puede ayudarte a comprender mejor tus propios sentimientos y emociones.

Capítulo 7: Regulación de Emociones.

A veces tendremos emociones fuertes. Esto es un resultado inevitable de ser humano. Muchas de las intervenciones cognitivas que hemos discutido en capítulos anteriores pueden ayudar a atenuar la intensidad de las emociones negativas, pero no siempre serán suficientes. Este capítulo hablará sobre cómo lidiar con emociones intensas y aprender a evitar comportamientos negativos en respuesta a la emoción.

Una característica importante en la regulación emocional es aprender a tolerar la angustia. A veces suceden cosas horribles, y te sientes horrible. A veces no puedes cambiar las condiciones en las que estás y necesitas aprender a sobrevivir.

El núcleo de la tolerancia a la angustia es aprender a usar habilidades para hacerte sentir mejor que sean saludables y beneficiosas para ti. A menudo, cuando estamos angustiados o sintiendo emociones intensas, participamos en comportamientos que no son beneficiosos y que tienen el potencial de lastimarnos. Estos pueden ser directamente tan perjudiciales como el comportamiento suicida o autolesiones, o perjudiciales de una manera más indirecta como comer en exceso y usar sustancias. Aprender a cuidarte de manera saludable es una parte importante para lidiar con emociones angustiantes.

La mayoría de las personas ya tienen la capacidad de distraerse de cosas dañinas, pero la mayoría de nosotros no nos distraemos de manera saludable. El objetivo es encontrar un comportamiento que te distraiga efectivamente de emociones dañinas y, al mismo tiempo, no cause ningún otro problema para ti. El objetivo no es evitar por completo tus emociones y problemas, sino más bien, darte la capacidad de escapar de las emociones dañinas cuando sea necesario.

Calmando la Crisis: TIPP

Cuando te sientes al borde de un colapso emocional y completamente abrumado, lo más importante es descubrir cómo alejarte de la borda metafórica. Nuestras emociones suelen tener efectos físicos en nuestros cuerpos y, de manera correspondiente, nuestros cuerpos tienen efectos en nuestras emociones. Cuando estás en el mayor estrés, a veces lo más útil que puedes hacer es ocuparte directamente de lo que tu cuerpo necesita. Recuerda el acrónimo TIPP, que significa Temperatura, Ejercicio Intenso, Respiración a Paso, y Relajación Muscular Pareada.

La temperatura se refiere a bajar la temperatura de tu cuerpo. Cuando estamos emocionalmente abrumados, a menudo nos sentimos calientes. Hacer algo para refrescarte, literalmente, puede ayudarte a calmarte figurativamente. Las opciones incluyen tomar una ducha fría, salpicarte la cara con agua fría, sostener un cubo de hielo o incluso subir el aire acondicionado. Usar el frío físico puede ayudar a ganar un poco de estabilidad emocional.

El ejercicio intenso también puede ayudar a lidiar con la angustia emocional intensa. Cualquier cosa que empuje tu cuerpo puede ser útil, incluso si no estás en gran forma o eres propenso a hacer ejercicio regularmente. No tienes que correr un maratón. Simplemente correr a toda velocidad por la calle, un par de veces o hacer saltos hasta que estés cansado puede ayudar. El ejercicio aumenta los niveles de oxígeno y el flujo de oxígeno, lo cual hace mucho trabajo bueno para disminuir los niveles de estrés. También libera endorfinas buenas que pueden hacerte sentir mejor. Y, si eres propenso a comportamientos poco saludables cuando te sientes molesto, es más difícil hacerlo cuando estás totalmente exhausto.

La Respiración Pausada es la tercera estrategia. Parece tan simple pero controlar tu respiración puede tener un profundo impacto en tu estado mental. Manejar tu aliento puede calmarte y hacerte sentir mucho más relajado. Hay muchos tipos de ejercicios de respiración. Podría ser tan simple como simplemente tomar varios respiraciones profundas, tratando de llenar totalmente tus pulmones de aire. Si prefieres un ejercicio más formal, prueba una técnica llamada "respiración en caja." Con esta técnica, inhalas durante un conteo de cuatro, retienes la respiración durante un conteo de cuatro, y luego exhalas durante un conteo de cuatro, para luego retener durante cuatro. Hay cuatro series de cuatro, uno en cada etapa: inhalación, retención, exhalación, retención. Concéntrate en esta respiración constante hasta que te sientas mejor.

La última parte del acrónimo es la Relajación Muscular Acompañada. La investigación ha demostrado que los músculos se relajan más después de ser tensados a propósito que si simplemente intentas relajarlos directamente. En este ejercicio, primero tensas un músculo a propósito y luego lo relajas y lo dejas descansar. Esto será más relajante que simplemente tratar de relajarte directamente. Prueba esta técnica centrándote en grupos de músculos como los brazos o la espalda. Conscientemente pon tanta tensión en el músculo como puedas durante cinco segundos completos y luego relaja. Suelta la tensión. Esto te ayudará a empezar a relajarte también.

Esperemos que estas cuatro habilidades te ayuden a empezar a lidiar con lo que sea tan emocionalmente angustiante. Ninguna de ellas resuelve el problema, pero cuando estás abrumadoramente molesto, es imposible pensar con claridad.

Distraerse: ACEPTAR

A veces es importante distraerse incluso cuando no estás en crisis. Tal vez estés esperando que comience una conversación particularmente difícil o tengas una entrevista por la mañana para la que ya estás preparado pero te está causando ansiedad. En estas situaciones, recuerda el acrónimo ACCEPTS. ACCEPTS significa Actividades, Contribución, Comparación, Emoción, Alejamiento, Pensamientos y Sensaciones. Al igual que la habilidad anterior, esto no resolverá el problema, pero te dará la oportunidad de mantener tus emociones bajo control hasta que estés en posición de abordar directamente la causa de las emociones.

La primera sugerencia es "Actividades" y esto puede ser cualquier cosa saludable. Siempre y cuando no te lastime a corto o largo plazo, puede ser una gran actividad para distraerte. Juega un juego que te encante, mira un programa, lee un libro. Incluso podrías hacer puré de manzana o dar un paseo. ¡Lava los platos! A veces, puedes terminar teniendo un día muy productivo simplemente tratando de evitar pensar en lo que te preocupa. Sin embargo, ten cuidado. No dejes que esto sea una excusa para hacer algo dañino o con lo que tengas problemas en general. Si tienes problemas con el dinero, tu actividad no debería ser ir de compras. Si luchas con la sobre-alimentación, no comas para distraerte. El objetivo es reemplazar nuestros comportamientos poco saludables existentes con comportamientos saludables que no causen daño.

La segunda parte del acrónimo es Contribución. Esto te pide que hagas algo agradable por alguien más. Hacer algo amable o beneficioso para otra persona puede ser de gran ayuda para aliviar la angustia emocional. En el peor de los casos, el simple acto de hacer algo agradable te ayudará a apartar la mente de tus problemas. Pero aún más que eso, hacer cosas buenas por los demás nos ayuda a sentirnos bien con nosotros mismos. Nos lleva a sentirnos valiosos e importantes en el mundo, porque somos personas capaces de ayudar a los demás. Esto no tiene que ser algo grande. Intenta cocinar la cena para alguien más, cortar el césped del vecino, o ser voluntario en una causa que amas. Encuentra una forma de dar a alguien más y te sentirás mejor en tu propia piel.

Si hacer actividades físicas no está funcionando tan bien como esperabas, puedes intentar manejar las emociones con técnicas mentales también. Una de esas técnicas es la Comparación. Esta técnica te pide que pongas tu vida en perspectiva. ¿Has enfrentado desafíos más difíciles que lo que te está molestando en este momento? Es posible que sea de hecho la emoción más intensa que hayas experimentado, lo que podría significar que deberías pasar a la sección TIPP. Pero muy probablemente, no lo es. Puede sentirse, al principio, tan mal como nunca antes lo habías sentido, pero al pensarlo, has superado peores situaciones. E incluso si es lo peor que has experimentado, otras personas han sufrido más que tú. Si estás en casa a salvo, alguien está sin hogar. Si no tienes un hogar, al menos no estás luchando por encontrar seguridad en medio de un desastre nacional. El objetivo no es hacerte sentir culpable o añadir más dolor a lo que estás experimentando actualmente. El objetivo es recordarte que lo que estás atravesando es sobrellevable. Lo has sobrevivido en el pasado, y si no lo has hecho, otras personas lo han logrado. Es posible superar las emociones que estás experimentando.

Las emociones es la siguiente parte de la distracción. Esta estrategia implica intentar conscientemente evocar la emoción opuesta a lo que estás sintiendo. Si te sientes ansioso, intenta meditar o hacer algunas de las técnicas de respiración y relajación muscular mencionadas anteriormente. Si estás triste, intenta buscar imágenes de animales adorables en Google. Si quieres reír, mira a un comediante que te gusta. A veces añadir la emoción opuesta a la situación puede ayudar a moderar tus emociones negativas actuales.

Alejar es la siguiente parte de tolerar la angustia. Simplemente consiste en no pensar en la cosa angustiante. Cada vez que llegue a tu mente, empújala conscientemente, no te permitas obsesionarte con ella. Distraete con otras actividades o pensamientos. A veces esto es difícil de hacer por sí solo, por lo que a menudo se combina con la siguiente parte del acrónimo, Pensamientos. Pensamientos se refiere a reemplazar pensamientos negativos y ansiosos con cosas que mantengan ocupada tu mente. Estas suelen ser muy simples y directas. Di el abecedario al revés, cuenta hasta el número más alto que puedas, haz un crucigrama. Lee poesía en voz alta. Haz cualquier cosa que llene tu mente y la mantenga alejada de la cosa que te molesta tanto.

La última parte del acrónimo es Sensación. Esto se refiere a usar tus cinco sentidos para calmarte durante momentos de angustia. Podrías ver un video de YouTube de un paseo por el bosque o, si puedes, salir a caminar tú mismo. Podrías tomar un baño o ducha caliente y disfrutar de los olores de tus productos de baño. Podrías acariciar a tu mascota y sentir su pelaje suave. Cualquier cosa que llene tus sentidos y sea agradable puede ser una manera de calmarte a través de la sensación. Simplemente acostarte en una cama cómoda y disfrutar de cómo se sienten las mantas puede ayudar, si te permites disfrutarlo.

Negociar sin tener control - MEJORAR

Las habilidades anteriores suponían que había un espacio de tiempo entre el presente y cuando podrás lidiar con el problema. El objetivo es distraerte hasta que puedas resolverlo. Desafortunadamente, no podemos resolver todos los problemas en los que nos encontramos. Las circunstancias pueden ser pequeñas o grandes, pero todos enfrentaremos momentos en los que no tenemos control sobre algo desagradable. En estos casos, no es posible simplemente distraerte hasta que puedas arreglarlo. En cambio, debes pensar en la tolerancia a la angustia de una manera diferente.

Hay otro acrónimo para enfrentar este tipo de situación: IMPROVE. IMPROVE significa Imaginería, Significado, Oración, Relajación, Una Cosa en el momento, Vacaciones, y Animo.

La imaginería implica imaginar que el problema se resuelve y que todo termina bien. Puede que no tengas mucha capacidad para influir en el resultado del problema, pero no tiene sentido enfocarse en todas las formas en que las cosas pueden salir mal en lugar de pensar en las formas en que podrías terminar bien. Si no tienes control, la única elección que tienes es cómo pensar sobre la situación. Obsesionarse con resultados negativos no cambiará el resultado, pero te hará sentir peor. En ese tipo de casos, intenta enfocarte en que las cosas terminen bien.

El significado trata de buscar significado incluso en las situaciones más difíciles. ¿Qué aprenderás incluso de esto? Un evento doloroso puede ayudarte a ser más empático con los demás. Tal vez tengas que conocer gente nueva. Quizás esto sea un punto de inflexión en tu vida y puedas hacer algo diferente. Encuentra un propósito y una razón para dar a tu momento presente y será mucho más fácil de tolerar. Los seres humanos son criaturas impulsadas por el significado. Los atletas se esfuerzan a través del dolor para hacerse más fuertes todo el tiempo e incluso disfrutan de ello. Si logras averiguar cómo la circunstancia actual te hará más fuerte o más sabio, será mucho más fácil de sobrellevar.

La oración puede tomar muchas formas diferentes. Si hay una tradición religiosa en particular que signifique algo para ti, reza de la manera que resuene. Si no tienes una tradición religiosa, puedes rezar al universo o a un poder superior genérico. El objetivo es rendir tus problemas a algo más alto que tú y reconocer que tu control terrenal no tiene la capacidad de resolver lo que estás enfrentando.

La relajación es importante, incluso en el tipo de tolerancia al malestar a largo plazo del que estamos hablando ahora. Solemos ponernos tensos en situaciones estresantes y esto puede hacer las cosas aún más desagradables. Calma tus nervios, ya sea a través de la respiración, un baño caliente o un paseo relajante. Sin embargo, sea como sea que te calmes, asegúrate de usarlo cada vez que te sientas más tenso.

Una cosa en este momento te está pidiendo que uses habilidades de atención plena. Hablaremos sobre la atención plena con más detalle más adelante en el libro, pero el objetivo es permanecer en el presente. Evita pensar en problemas pasados o posibles problemas futuros. Ninguno de ellos podrá ayudarte a resolver la situación actual. Encuentra una sola cosa en la que concentrarte y mantén tu enfoque ahí. Puede ser pintar una pared, tu respiración, o incluso tus deberes. Mantener tu mente enfocada en una sola cosa puede hacer que tus emociones se sientan menos abrumadoras.

Para la próxima parte del acrónimo, Vacación, idealmente, podrías alejarte de todo. Podrías salir de casa y tomarte un descanso de todas las situaciones estresantes. La mayoría de nosotros no podemos hacer esto, especialmente no durante un momento de crisis. En lugar de eso, tómate unas vacaciones en tu mente. Imagínate a ti mismo en algún lugar hermoso y tranquilo. Pasea alrededor de un lago al atardecer o mira aves tropicales en la selva. Quédate en este lugar en tu mente todo el tiempo que quieras y tal vez puedas regresar al presente mejor preparado para tolerar tus circunstancias.

La última parte del acrónimo es Aliento. Muchos de nosotros buscamos habitualmente aliento de fuentes externas, pero no tiene que ser de alguien más para ser efectivo. Repite frases de aliento para ti mismo. Dite que puedes superar esto y que puedes mejorar este momento. Puedes motivarte a ti mismo y superar este momento desafiante.

Capítulo 8: Activación conductual o, ¡simplemente hazlo!

Cuando las personas se sienten deprimidas, es común que haya lo que se llama "anhedonia" o pérdida de placer e interés en actividades que antes disfrutaban. La disminución del interés en lo que uno suele hacer no es solo un síntoma de la depresión, sino que puede ocurrir con cualquier estado de ánimo bajo o ansiedad. Con el estrés y el TEPT, puede haber un sentido general de tener poca receptividad a las recompensas y actividades. Básicamente, muchas condiciones de salud mental se manifiestan cuando un individuo simplemente no hace mucho de nada.

La activación conductual se enfoca directamente en ese fenómeno. La investigación muestra que es tan efectiva como la terapia cognitiva para combatir la depresión (Cuijpers et al., 2007). La activación conductual es, en muchos aspectos, más sencilla que muchas de las estrategias cognitivas de las que ya hemos hablado. No es necesario tener un sentido matizado de tu propia mente para llevar a cabo la activación conductual.

La idea básica de la activación conductual es que la depresión y el estado de ánimo bajo a menudo ocurren cuando el comportamiento individual es respondido con refuerzo negativo. Una persona intenta hacer algo, y esto conduce a un castigo o un resultado negativo. Cuando esto comienza a suceder, la persona hace menos y menos, en un esfuerzo por evitar el refuerzo negativo. Esta es una comprensión de la depresión que se enfoca más en el entorno alrededor de la persona y menos en su vida interior o características cognitivas.

En línea con esto, la activación conductual intenta disminuir la depresión aumentando las actividades, contrarrestando los comportamientos de evitación y aumentando la experiencia de cosas placenteras y refuerzos positivos. El objetivo es encontrar más cosas agradables para hacer y realmente hacerlas. En lugar de sumergirse en su propia mente para resolver sus problemas, cambia lo que haces a diario y observa qué sucede.

El primer paso en la activación conductual es tener un buen sentido de cómo actúas en diferentes situaciones. ¿Cuáles son las actividades que realizas a diario en el trabajo? ¿En casa? ¿Qué haces cuando te enfrentas a algo desagradable? ¿Qué haces para divertirte? Identifica patrones de comportamiento e intenta estar atento a casos de refuerzo negativo. ¿Hay cosas en tu vida que haces y te hacen sentir peor? Puede ser útil llevar un registro detallado de tu comportamiento y tu estado de ánimo. Tal vez anota lo que estás haciendo cada media hora y cómo te sientes. Al hacer esto, puedes descubrir que no tienes el mismo nivel de depresión todo el día, todos los días. También puedes descubrir que hay cosas que haces para sentirte mejor que no funcionan o incluso te hacen sentir peor. Por ejemplo, si bebes para sentirte mejor, un análisis detallado puede revelar que en realidad no funciona y te lleva a sentirte peor más tarde.

Una vez que tengas una idea de tu comportamiento actual, el siguiente objetivo es empezar a pensar en cambiarlo. El objetivo en la activación conductual es cambiar el comportamiento y utilizar ese cambio de comportamiento para ajustar tu mente.

Pregúntate a ti mismo/a, ¿hay cosas que estarías haciendo si no estuvieras deprimido/a? Si piensas en momentos en los que no estás deprimido/a, ¿hay cosas que haces y disfrutas? Trata de experimentar con actividades positivas.

Una actividad que puedes hacer es pensar en veinte actividades que disfrutes y que sean saludables. Esto significa que deben ser cosas que estén en consonancia con la vida que deseas vivir y no cosas que tengas motivos para creer que te harán sentir peor a medio o largo plazo. Ejemplos podrían ser leer un libro, ir al cine, jugar videojuegos, pasear al perro. Puede ser cualquier cosa que te brinde placer. Haz una lista, físicamente. De hecho, escríbelo.

Una vez que tengas la lista de veinte cosas que te den placer, ve y califica el placer o beneficio que obtienes de la actividad del 1 al 10. Tal vez disfrutes mucho las películas, por lo que serían un 7. Tal vez pasear al perro sea divertido pero no increíble, por lo que sería un 3. Tal vez ir a conciertos sea una de tus actividades favoritas, por lo que sería un 9. Esto no tiene por qué ser exacto. Sigue tu instinto sobre las distintas calificaciones.

Una vez que hayas clasificado la cantidad de placer que obtienes de cada actividad, luego vuelve a clasificarlas en función de su accesibilidad, siendo 1 fácilmente accesible y 10 más difícil. Ir al cine es bastante fácil, así que obtiene un 3. Los conciertos son más caros y más raros, por lo que obtienen un 8. Sacar al perro a pasear es realmente fácil, así que obtiene un 1.

Entonces, después de haber asignado los veinte actividades ambos números, resta el número de accesibilidad del número de placer. Esto te dirá las actividades que encuentras una combinación de accesibles y placenteras. Básicamente te dará una pista sobre algo que es relativamente fácil de hacer y que ofrece mucho a cambio de la facilidad.

Entonces, una vez que tengas una idea de las actividades, simplemente haz una de ellas. Puede que no te sientas con ganas y puede sentirse poco auténtico hacerlo. Antes de empezar, puede que ni siquiera sientas que te divertirás. Intenta hacerlo de todos modos. A veces nuestras mentes nos engañan y las cosas se sienten muy difíciles al principio. La única forma en que podrás saber cómo te sientes cuando haces estas cosas es intentar hacerlas de verdad. Cuando hagas una de estas actividades, presta mucha atención a tu estado de ánimo. ¿Cómo te sientes después de haber hecho la actividad placentera?

La mayor parte del tiempo, te darás cuenta de que te sientes mejor. Es fácil olvidar lo bien que se sienten las cosas simples ante un dolor emocional más grande. Simplemente el hecho de ir al cine o dar un paseo puede sentirse agradable y placentero. Es importante no esperar que este pequeño paso cambie tu vida por sí solo. No serás curado solo por ir al cine. Esa es una expectativa demasiado alta para una actividad tan simple. Por otro lado, tómalo en serio como un momento agradable. Algo no tiene que ser enorme para ser impactante. Una de las cosas que la depresión hace es hacernos olvidar cómo disfrutar de un momento simple y agradable.

Esta experimentación con un nuevo comportamiento debe ser continua y constante. Si encuentras que la actividad que elegiste es más difícil de lo que pensabas, tenlo en cuenta. Si obtienes menos placer del que pensabas, tenlo en cuenta también. Intenta realizar diferentes actividades y experimenta cómo te hacen sentir. El objetivo es hacer cambios paso a paso que te ayuden a llegar a un lugar más feliz.

Esto es especialmente beneficioso si puedes reemplazar las

actividades viejas que te hacían infeliz con nuevas que te hacen más feliz. Quizás pasabas cuatro horas por la noche viendo las noticias mientras tomabas vino. Si miras tu registro de actividades, puedes ver que típicamente te sientes deprimido/a e infeliz. Y, aún más, el vino hace que la mañana siguiente sea más difícil. Este sería un buen ejemplo de una actividad a reemplazar. Tal vez un día, en lugar de ver las noticias durante ese tiempo, invitas a un amigo/a a ver una película. Probar algo diferente puede romper el estado de ánimo deprimido que es típico durante ese momento. Compara cómo te hace sentir la película en comparación con cómo solías sentirte con el rutina de noticias y vino.

En general, una de las cosas que enseña la activación conductual es que las conductas de evitación generalmente no funcionan. Tal vez la razón por la que te quedas en casa y no te comunicas con amigos es porque te resulta difícil hacerlo. Si eso te estresa, a menudo tenemos comportamientos que evitan el evento estresante. Por otro lado, esa estrategia de evitación no ayuda a mejorar el problema en general. Hace que sea más difícil abordar temas difíciles y dificulta más a largo plazo, incluso si parece estar bien a corto plazo.

Es útil analizar cuáles son tus patrones de evasión. ¿Qué comportamientos realizas en un intento por evitar emociones o eventos dolorosos? Tal vez duermes demasiado para evitar las demandas que se hacen en ti cuando estás despierto. Pensar obsesivamente en tus problemas, conocido como rumiación, puede ser contraproducente como estrategia de evasión. Al simplemente pensar en tus problemas, no estás haciendo nada para solucionarlos o mejorar tu vida. Un gran problema con este tipo de estrategia de evasión es que puede tener un efecto muy negativo en el estado de ánimo.

Una forma de pensar en los comportamientos de evitación es

con el acrónimo ACCIÓN. ACCIÓN significa Evaluar el comportamiento y el estado de ánimo, elegir comportamientos alternativos, Probar los comportamientos alternativos, integrar los comportamientos alternativos en una rutina, Observar el resultado del comportamiento, y Nunca rendirse.

Evaluar el comportamiento y el estado de ánimo es pedirte que analices tu comportamiento actual. ¿Estás haciendo algo para evitar sentimientos negativos? ¿Cuál es tu estado de ánimo actual? ¿Cómo afecta tu comportamiento actual a tu vida en general?

Después de haber evaluado el comportamiento actual, entonces elige un comportamiento alternativo. Como discutimos antes, hay cosas en tu vida que disfrutas, muchas de las cuales has dejado de hacer porque no te sientes bien. Si eliges activamente reemplazar un comportamiento evitativo con un comportamiento alternativo y saludable, puedes mejorar tu estado de ánimo.

Después de que hayas elegido el comportamiento, debes Intentar ese comportamiento. ¿Está ayudando tu estado de ánimo este nuevo comportamiento? ¿Llena eficazmente el espacio que solía llenar el comportamiento evitativo?

Entonces, integra este comportamiento en una rutina regular. En lugar de los comportamientos que normalmente haces y que te bajan el ánimo, deberías intentar que los comportamientos que elevan el ánimo ocupen ese espacio en tu vida. Establece una rutina basada en comportamientos que te hagan sentir bien, aunque sea solo momentáneamente.

Observa el resultado de los comportamientos. ¿Cómo te hacen sentir los nuevos comportamientos? ¿Qué cosas nuevas añaden a tu vida? ¿Han mejorado la situación de alguna manera mayor?

Y por último, nunca te rindas. Probar un nuevo comportamiento solo una vez es poco probable que lleve a un cambio significativo. Superar la depresión y los malos estados de ánimo requiere mucho trabajo duro y no habrá respuestas fáciles ni instantáneas. A veces habrá retrocesos, pero en lugar de rendirte, debes mantenerte comprometido con el objetivo general.

Cuando estás haciendo cambios, a menudo es una mejor idea hacer un cambio a la vez en lugar de todos a la vez. A veces nos despertamos y sentimos que vamos a cambiar totalmente nuestras vidas. Eso rara vez se mantiene. En lugar de hacer eso, elige un comportamiento negativo específico para cambiar y enfoca tu energía en cambiar eso.

Capítulo 9: Habilidades para resolver problemas

Las habilidades para resolver problemas son universales porque todas las personas se encuentran con problemas, y cualquiera puede beneficiarse de tener un enfoque paso a paso para resolverlos. Resolver problemas implica, de manera importante, la actitud de que los problemas pueden ser solucionados o al menos mejorados. Hay cuatro pasos distintos.

1. Identificar el problema y establecer metas. Estas metas deben ser realistas.
2. Proponga posibles soluciones. Esto se suele llamar lluvia de ideas.
3. Evalúe las posibles soluciones y luego decida cuál vale la pena intentar.
4. Prueba la solución posible. Después de probarla, evalúa las consecuencias y decide si de hecho resolvió el problema.

Buenas habilidades para resolver problemas te permiten lidiar con muchas cosas en la vida. Conduce a mejores habilidades para hacer frente, lo cual lleva a una vida mejor y una luna mejor. A menudo, habilidades para resolver problemas deficientes pueden convertirse en un ciclo vicioso. Si tienes un problema y no logras resolverlo, puede llevar a una variedad de otros problemas. Puede haber un ciclo negativo donde las cosas empeoren cada vez más.

Centrarse en resolver problemas puede ser empoderador. Cuando resuelves problemas, te sientes más en control de tu vida y eso puede hacer que todo sea más fácil. Buenas habilidades para resolver problemas están asociadas con un mejor ajuste emocional y cuando tienes habilidades pobres para resolver problemas, experimentarás más angustia. Las habilidades pobres para resolver problemas están asociadas con la adicción a las drogas y al alcohol, el comportamiento criminal y la angustia generalizada.

¡Se pueden aprender habilidades para resolver problemas! Las personas pueden mejorar en la resolución de problemas y tú también puedes hacerlo.

Lo más importante es desarrollar una orientación positiva hacia los problemas. Las orientaciones positivas hacia los problemas son cuando ves los problemas como un desafío donde es posible mejorar. Significa que crees que tienes la capacidad de resolver problemas. También significa que crees que la resolución exitosa de problemas puede incluir instancias de fracaso y comprendes que esto es parte del proceso de resolver un problema.

Por el contrario, la orientación negativa hacia los problemas ve los problemas como insolubles y aterradoras. Estas personas ven las situaciones como imposibles de mejorar y no creen tener la capacidad de resolver problemas. Cuando se enfrentan a un fracaso inicial, piensan que eso significa que el problema no se puede resolver.

Cuando tienes una orientación positiva ante los problemas, ves las dificultades como retos normales de la vida. Intentas encontrar soluciones. Este optimismo es una elección que debes hacer sobre tu vida. Trata de actuar con optimismo y busca nuevas posibilidades. Cuando comienzas a encontrar nuevas soluciones a tus problemas, verás que naturalmente empiezas a ser más optimista. Aprenderás que es posible mejorar las cosas y que el compromiso te ayudará a hacer que muchas cosas sean mejores.

Después de haber tomado el compromiso de que resolver problemas es posible, el primer paso es identificar qué problemas tienes. Es muy importante poder determinar cuáles son tus problemas y establecer metas realistas. Los problemas pueden ser eventos únicos o continuos y repetidos. Cuando tienes una orientación negativa hacia los problemas, es común evitar enfrentar tu problema. Esto hace que sea aún más importante hacerle frente.

Es mejor definir tu problema lo más específicamente posible. Que el problema sea "No puedo comunicarme bien con mi esposa" es menos bueno que decir "Cuando mi esposa está en desacuerdo conmigo, me resulta difícil controlar mi ira". Ser claro y específico hace que sea mucho más accesible pensar en soluciones.

Aquí hay algunas preguntas que pueden ayudarte a definir tu problema:

- ¿Qué pasó o no pasó que te molesta?
- ¿Quiénes están involucrados? ¿Dónde ocurre el problema? ¿Cuándo ocurre el problema?
- ¿Por qué este problema es difícil para ti?
- ¿Qué haces para evitar el problema actualmente?
- ¿Qué esperas que suceda?

Estas preguntas te ayudarán a determinar cuál es el problema y cuáles deberían ser tus objetivos. Cuando establezcas metas, tus metas deberían ser SMART. Esto significa específico, medible, alcanzable, relevante, y limitado en el tiempo. Objetivos específicos están enfocados. Están definidos por exactamente qué resultado deseas que ocurra. No son vagos. El problema con metas vagas es que es muy difícil saber exactamente qué es lo que quieres y será mucho más difícil determinar qué debes hacer para cumplirlas.

Deben ser medibles, lo cual forma parte de que sean específicos. Debes poder determinar de manera objetiva cuándo y si has alcanzado tu objetivo. Esto ayuda a que tu mente no te juegue trucos. Te evita estar cambiando tus propias metas.

Los objetivos también deben ser alcanzables. Debes establecer metas que sean posibles de alcanzar. Esa es la única forma en la que sabrás que eres efectivo y capaz de resolver problemas. Si te pones metas inalcanzables, solo te frustrarás. Te sentirás desanimado. Hacer que tus objetivos sean posibles de cumplir es mucho más productivo.

Metas relevantes son aquellas que son consistentes con tus otras metas y tu trayectoria de vida en general. Esto ayuda a que la meta sea más importante para ti y hace más probable que trabajes para resolverla.

El límite de tiempo es la última característica que deben tener los objetivos. Esto significa que debes establecer al menos un marco de tiempo provisional cuando vayas a lograr tu objetivo. No tener un plazo significa que puedes seguir posponiendo las cosas y alejándolas. Darte un plazo te anima a empezar.

Una vez que tengas una clara comprensión del problema y un

objetivo SMART, el siguiente paso es generar soluciones. Encontrar soluciones a estos problemas puede ser difícil. Si conocieras una mejor manera de manejar tu vida, probablemente ya la estarías haciendo. Resolver problemas implica obligarte a salir de tu zona de confort y pensar más allá de la mentalidad a la que estás acostumbrado. Para lograrlo, la idea es hacer una lluvia de ideas. Genera tantas soluciones como sea posible y con la mayor variabilidad. Oblígate a pensar en tantas cosas como puedas, incluso si algunas parecen disparatadas o aparentemente imposibles. Posterga el juicio sobre si son buenas soluciones o no. El primer paso es simplemente pensar en ellas.

Pregúntate cosas como estas para ayudarte a llegar a nuevas soluciones:

- ¿Qué le dirías a alguien más que tuviera este problema?

- ¿Qué sugeriría un ser querido que hagas para resolver este problema?

- ¿Qué cosas has hecho para manejar situaciones similares en el pasado?

- ¿Cómo superas los problemas en otras áreas de tu vida?

- ¿Cuáles son algunos elementos positivos de la situación que pueden ayudarte a resolver este problema?

- ¿Hay algo sobre el problema que no se pueda cambiar?

Estas preguntas pueden ayudarte a empujarte a ti mismo a

encontrar nuevas posibilidades. Mientras generas ideas, escribe la lista de soluciones para poder verlas todas de una vez.

Una vez que tengas una lista de soluciones, el siguiente paso es evaluarlas. Puede ser muy empoderador ver todas las posibilidades frente a ti y considerar cuál es la más beneficiosa. Quieres evaluar la probabilidad de que las soluciones resuelvan el problema real y cumplan con tus metas realistas. También deseas considerar cualquier otro efecto que el problema pueda tener. Pregúntate cuáles son los beneficios y desventajas a corto y largo plazo de cada solución. ¿Qué cosas buenas y malas podrían suceder si optas por esta solución? Algunas preguntas que podrías hacerte incluyen:

- ¿Cómo me afectará esta solución?
- ¿Cómo afectará esta solución a otras personas?
- ¿Cómo me sentiré después de implementar esta solución?
- ¿Esta solución es coherente con lo que valoro?
- ¿Qué tan plausible se siente esta solución?
- ¿Cuánto tiempo y esfuerzo requerirá esta solución?

Estas preguntas pueden ayudarte a determinar qué soluciones son viables.

Una vez que hayas seleccionado una solución, el siguiente paso es hacer un plan. Necesitas implementar la solución realmente. El plan debe ser tan específico y concreto como puedas. Intenta escribir lo que harás, día a día, siendo específico en cuanto al tiempo y lugar. Cuando estés planeando las cosas, asegúrate de prepararte para el peor escenario posible. A veces, al involucrarse en soluciones que implican acudir a otras personas como tu jefe o pareja, es posible que no respondan como te gustaría. Sé realista sobre las posibilidades negativas y únicamente sigue adelante si parece valer la pena el riesgo.

Para practicar el compromiso con la solución, utiliza tu imaginación para visualizar y ensayar el plan. Imagina realizando la solución en tu mente. Cierra los ojos y visualiza haciendo lo que necesitas hacer, enfocándote en lo que verías, sentirías, escucharías y experimentarías. Utiliza este proceso para proyectar hacia adelante cualquier obstáculo que pudieras enfrentar.

Después de haber planificado y ensayado la solución, el siguiente paso es probarla en realidad. Piensa en esto como un experimento que proporcionará datos adicionales. Es crucial no desanimarse prematuramente. Las cosas no siempre salen bien en el primer intento y es importante no tener la mentalidad de que las cosas son perfectas de inmediato o un fracaso total. Puedes seguir resolviendo problemas, pero eso es normal. La vida es simplemente una serie de oportunidades para resolver problemas.

Mientras te dedicas a este proceso, es útil desarrollar pensamientos que te ayuden a sobrellevarlo. Piensa en cosas optimistas o positivas a las que puedas recurrir como forma de tranquilizarte de que estás haciendo lo correcto. ¿Qué te dirías a ti mismo para ayudarte a sobrellevar esta situación? ¿Qué consejo le darías a un amigo que estuviera lidiando con esta situación? Si te sintieras optimista acerca de esta situación, ¿en qué pensarías?

Si el intento inicial de resolver el problema no funciona,

vuelve a la lluvia de ideas. Podrás resolver el problema, o al menos mejorarlo, siempre y cuando sigas intentándolo.

Capítulo 10: Atención plena

La conciencia plena es una parte importante de aprender a estar emocional y mentalmente sano. Las habilidades de conciencia plena te ayudan a aprender a estar en el momento presente de una manera no crítica y a abstenerse de actuar impulsivamente. La conciencia plena moderna se basa en principios budistas antiguos, pero han sido validados científicamente una y otra vez. Aprender la conciencia plena te ayuda a aprender técnicas para centrar tus pensamientos y atención en el presente. Desarrollarás un mayor control de tu mente y aprenderás la habilidad de observación y atención.

La mayoría de las otras habilidades en este libro requieren la capacidad de alejarse de tu experiencia y evaluarlas sin juzgarlas. La atención plena es una forma de aprender esa habilidad. La atención plena implica estar atento al momento presente y a la tarea en cuestión sin ser distraído por pensamientos que interfieren.

La conciencia plena se trata de aumentar la conciencia del momento en el que te encuentras. Esto significa que tienes que practicar llevar tu atención al momento presente y entrenar tu mente para enfocarte solo en una cosa a la vez. A menudo es útil practicar prestar atención a una sola cosa a la vez y aprender a traer suavemente tu atención de regreso a aquello en lo que se supone que debes prestar atención cuando tu mente inevitablemente divaga. Aprender a prestar atención a una cosa a la vez a veces se llama "tener una sola mente".

A medida que practiques habilidades de atención plena, recuerda que tu atención vagante es parte del punto. El objetivo es aprender a traer de vuelta tu atención al momento presente y en lo que deseas enfocarte. Para poder aprender a hacer eso, tu mente tendrá que divagar. Perdónate a ti mismo por esta divagación inevitable; así es como aprenderás a mejorar.

Practicar la atención plena es como hacer repeticiones en el gimnasio. Con la repetición, la mente aprende las habilidades necesarias para mantener la atención y desarrolla la fuerza para poder traer la atención de vuelta al momento presente. Incluso simplemente darse cuenta de cuándo tu mente divaga te ayuda a desarrollar las habilidades necesarias.

Puedes practicar la atención plena en cualquier actividad. Cuando estás comiendo, por ejemplo, deja tu teléfono y apaga la televisión. Mantén toda tu atención en la comida. Tómate un tiempo para activar tus sentidos. Huele la comida, mira la comida. Nota cosas sobre la comida que nunca has visto antes. Cuando des un bocado, cierra los ojos y enfoca toda tu atención en la sensación en tu boca. ¿A qué sabe? ¿Cómo se siente? ¿Cómo se siente contra tu lengua? Aprender a mantener tu atención en una sola cosa de esa manera puede ayudarte a aprender a experimentar el mundo de una nueva forma.

Hay cuatro pasos para ser consciente y practicar la atención plena.

1. Elige una actividad. Esto realmente puede ser cualquier actividad. Cuando adquieres habilidad en la atención plena, puedes esforzarte por llevarla a cualquier parte de tu vida. Pero al

principio, es útil tener una actividad específica que tienes la intención de hacer con atención plena. Ejemplos incluyen pasar tiempo con tus hijos y mascotas, practicar un deporte, participar en un pasatiempo como tejer o coser. Incluso simplemente dar un paseo por la naturaleza puede ser hecho con atención plena.

2. Concéntrate en la actividad. Una vez que estés comprometido en la actividad, concéntrate en ella. Mantente en el presente en la actividad. Mantén tu mente y sentidos comprometidos en lo que estás haciendo. No mires tu teléfono, no pienses en otras cosas. Mantén tu enfoque donde pretendes mantenerlo.

3. Nota cuándo tu atención se desvía. Es natural que tu atención se desvíe. Eso es parte del proceso de atención plena. Nuestros cerebros están ocupados generando innumerables pensamientos. La parte importante es notar cuándo nuestra atención se distrae de lo que estamos tratando de enfocar. Es una habilidad en sí misma simplemente ser conscientes de la distracción.

4. Suavemente dirige tu atención de nuevo. El último paso, después de aceptar que tu atención se ha distraído, es dirigir tu atención de vuelta al momento presente. Hazlo amablemente y sin juzgar. El objetivo es moverte suavemente de nuevo hacia donde quieres que esté tu atención.

Es importante ser paciente contigo mismo. La mayoría de nosotros hemos tenido experiencia con cachorros en algún momento de nuestra vida. Cuando comienzas a entrenar a un cachorro para que se quede quieto, no funciona muy bien. Te das la vuelta y el cachorro te sigue inmediatamente. Cuando esto sucede, no te enojas con el cachorro. ¡Es solo un cachorro! Necesita ser entrenado. Así es como está tu mente. Tu mente aún no ha sido entrenada para estar atenta. El proceso de entrenarla es cómo aprenderás a mantener tu atención en lo que quieras que esté.

Si te resulta útil tener una actividad dedicada a practicar la atención plena, una buena opción es contar tus respiraciones. Siéntate en silencio y cuenta cada respiración, diciendo uno mientras inhalas profundamente y dos mientras exhalas lentamente. Tres en la inhalación, cuatro en la exhalación, y así sucesivamente. Llega hasta diez y luego comienza de nuevo en uno. Cuando te encuentres distraído, lleva suavemente tu atención de regreso a la respiración. Es útil poner un cronómetro por diez o veinte minutos e intentar mantener la concentración todo ese tiempo. Trata de establecer un momento en tu día para hacer esto todos los días y mejorarás muy rápidamente.

Una característica de una actitud consciente es que no es crítica. A medida que aumentas la conciencia del momento presente, es importante evitar juzgar tu experiencia. Cuando eres consciente, experimentas el mundo tal como es, no como debería ser. Hacemos todo tipo de juicios sobre el mundo, típicamente decidiendo cómo deberíamos pensar y sentir de antemano. Cuando conocemos a alguien nuevo, extrapolamos a partir de su ropa y su cabello. Cuando pedimos un plato en un restaurante, lo miramos y pensamos que sabemos cómo va a saber.

A menudo, experimentamos el mundo como creemos que “debería” ser en lugar de cómo es. Cuando intentas ser consciente, obsérvate a ti mismo haciendo juicios. Observa la forma en que sacas conclusiones sobre tus experiencias antes de que sucedan. En la medida de lo posible, resiste este impulso y vuelve tu atención al mundo frente a ti. La conciencia plena te ayuda a aprender a describir tu experiencia sin juzgar, lo que te ayuda a separar tus pensamientos de la situación real en cuestión.

Intenta mirar una obra de arte y observarla sin hacer juicios al respecto. No pienses si es fea o hermosa, barata o cara. En cambio, concéntrate en los colores y formas. Trata de distinguir las marcas hechas por un pincel o pluma. Dedica tiempo simplemente mirándola, como si nunca hubieras visto un cuadro antes.

Evitar el juicio positivo es tan importante como resistir el juicio negativo, porque los juicios positivos reflejan apego a que las cosas sean de una manera particular. Si tienes juicios positivos hacia partes del mundo, entonces experimentarás angustia si ese mundo cambia.

Una forma de pensar en esta postura de no juzgar se conoce como "mente de principiante." Esta es la idea de que debes interactuar con el mundo como si nunca antes lo hubieras experimentado, como un niño. Si intentas evitar el juicio y el equipaje, puedes experimentar las cosas de una manera fresca e interesante. La mente de principiante consiste en dejar de lado nuestras ideas preconcebidas sobre algo e interactuar con ello sin expectativas. Esto lleva a mejores experiencias, donde puedes interactuar con el objeto tal como es, sin verse empañado por prejuicios.

Es particularmente útil cuando se interactúa con las personas. La mente del principiante lleva a mejores relaciones porque te permite tratar cada interacción con una persona como un nuevo comienzo. No los juzgarás en función de si cumplen o no con el ideal que tienes para ellos y no dejarás que tu experiencia se vea afectada por experiencias negativas pasadas. Tal vez alguien fue malo contigo una vez. Normalmente, esto daría forma a cada interacción futura con esa persona. Pero tal vez solo estaban teniendo un mal día o si no es algo permanente. En lugar de aferrarte al recuerdo de la interacción anterior, puedes dejarlo ir y experimentar cada momento con esta persona de nuevo.

También puede llevar a menos ansiedad. Normalmente, el sentimiento de ansiedad ocurre porque estamos haciendo predicciones sobre posibilidades negativas. Pensamos que algo malo ocurrirá porque pensamos que este es el tipo de situación en la que suceden cosas malas. Adoptar la mente de principiante significa abrirte a una curiosidad suave, soltando tus ideas existentes sobre cuáles son las posibilidades y qué es lo que da miedo de ellas. El objetivo es abrazar el no saber qué va a pasar, abrazar estar en el momento y encontrar agradecimiento en el presente por lo que estás haciendo y con quién estás interactuando.

En muchos aspectos, la atención plena se trata de aprender a ser efectivo. Cuando aumentas la conciencia en el momento presente, aprenderás a mantener tus ojos en tus objetivos y no distraerte con cosas innecesarias. A veces las personas están tan enfocadas en tener la razón o ganar discusiones que no tienen en cuenta lo que realmente quieren en cualquier escenario dado. Por ejemplo, si discutes con un taxista sobre el aire acondicionado, piensa si vale la pena enojarte y posiblemente llevarlo a que se niegue a llevarte a tu destino. Tal vez sea mejor simplemente ceder y dejar que la situación pase.

Tener razón no es lo mismo que ser habilidoso. Ser efectivo se trata de aprender a enfocarse en ser habilidoso, no en tener razón. La idea es aprender a elegir tus batallas y experimentar el mundo de una manera más pacífica y gentil.

Los juicios son frecuentemente el resultado de emociones negativas. Si ocurre una situación y sientes algo intensamente al respecto, a menudo la juzgarás como algo malo. Sin embargo, el problema es que el juicio a menudo desencadena emociones adicionales. Si algo negativo sucede en el trabajo y te duele, llevándote a juzgar la situación como "injusta", eso podría llevar a un dolor adicional. Si cometes un error, tendrás emociones negativas por cometer el error. Entonces, podrías juzgarte a ti mismo como estúpido o inadecuado, lo que lleva a un dolor adicional.

Cuando estás practicando la atención plena, acostúmbrate a "anotar" cuando tengas pensamientos o sentimientos particulares que pasen por tu mente. Imagina tus pensamientos como burbujas de jabón, flotando en un cielo claro. Cuando los notes, tócalos suavemente con una etiqueta y déjalos estallar. Cuando sientas una ola de tristeza, nota que estás triste y déjala ir. Si sientes preocupación, anota que sentiste preocupación y déjala ir. Esto puede ser útil para evitar juicios, en particular si experimentas un juicio, anota que lo has hecho y déjalo ir.

Capítulo 11: Aceptación radical

Hasta ahora, hemos hablado de muchas habilidades para manejar emociones intensas, desde habilidades cognitivas acerca de cambiar tus pensamientos hasta habilidades más orientadas al comportamiento. Hemos hablado sobre la atención plena y la regulación emocional. Sin embargo, la habilidad más importante es la aceptación radical. La aceptación radical es la idea de que incluso en la situación más dolorosa, tenemos que aceptarla. Esto es lo que la hace radical.

La aceptación no significa aprobación. Aceptar significa reconocer que la situación en la que te encuentras es la realidad y no hay nada que puedas hacer al respecto. Muchos de nosotros pasamos mucho tiempo negándonos a aceptar la realidad de una situación. Pensamos, esto no es justo o ¿por qué me está pasando esto a mí? Estas cosas solo aumentan nuestro sufrimiento. El dolor es inevitable en la vida, pero el sufrimiento no lo es. El dolor es lo que sucede cuando algo malo ocurre, el sufrimiento es lo que sucede cuando luchamos contra él y nos negamos a aceptarlo.

La aceptación es no juzgar. Aceptar algo no significa que estás diciendo que es bueno o malo, simplemente significa que estás reconociendo la realidad tal como es. Imagina que estás conduciendo hacia el trabajo y te encuentras atascado en el tráfico. Esto es desagradable, de muchas maneras. Puedes meterte en problemas por llegar tarde al trabajo. Pero si piensas "esto es injusto" y "no puedo creer que esto esté sucediendo", entonces solo aumentarás tu malestar. Tocar la bocina y seguir demasiado de cerca el automóvil delante de ti no te llevará al trabajo más rápido. Solo aumenta lo infeliz que estás. Imagina la diferencia entre estar molesto y alterado durante todo el lento viaje al trabajo y simplemente aceptar que llegarás tarde y estar en paz con el automóvil.

Aceptar la realidad es el cambio necesario que ayuda al cambio genuino y permanente. No puedes cambiar nada a menos que lo hayas aceptado primero. Si estás constantemente luchando contra la realidad, pasarás todo tu tiempo y energía fingiendo que el problema no existe en lugar de intentar solucionarlo. La aceptación no se trata de perdonar o de dejar que alguien se salga con la suya. El único objetivo es tranquilizar tu propia mente y hacerte más feliz. Aceptas la realidad por ti mismo.

Esta es una habilidad difícil, pero quizás la más importante en el libro. Cuanto más dolorosa y difícil sea una situación, más difícil será aceptarla, y generalmente tomará más tiempo. Esta no es una habilidad que se pueda dominar en un solo día, incluso en los mejores momentos. Volviendo a nuestro ejemplo de conducir, si la conclusión de llegar tarde inevitablemente significa ser despedido, será mucho más difícil de aceptar que si simplemente se trata de una charla con tu jefe. Y, a veces, puedes llegar al punto de aceptación en algo y luego un evento adicional te provocará comenzar a enfrentar la realidad de nuevo. Imagina a Karen, una mujer cuyo esposo tuvo una aventura hace muchos años. Ella podría haberlo aceptado y seguir adelante con su matrimonio, permitiendo que las cosas mejoraran enormemente. Pero luego una joven que se parece a la persona con la que el esposo de Karen tuvo la aventura se muda al lado y Karen comienza a sentirse enojada y molesta de nuevo. Ella podría tener que volver a aceptar la realidad y no luchar contra ella.

A medida que trabajas en aceptar la realidad, puede resultar frustrante. Pero incluso si solo puedes aceptar la dolorosa realidad durante treinta segundos, eso significa treinta segundos menos de sufrimiento de lo contrario tendrías. Gradualmente esos treinta segundos crecerán hasta que seas capaz de sostenerlo.

La mayoría de nosotros hemos tenido situaciones dolorosas en nuestra vida que naturalmente hemos llegado a aceptar. Quizás un ser querido murió o no conseguiste un trabajo que esperabas. Duele, pero eventualmente es posible llegar a una aceptación y aceptar la nueva realidad. Existe una diferencia entre luchar contra una situación y llegar a un acuerdo con ella. La mayoría de veces, te sientes más ligero y tranquilo una vez que has aceptado una situación. La situación tiene menos poder sobre ti y el dolor disminuye. Cuando lo piensas, hay menos dolor emocional.

¿Cómo practicas aceptando la realidad?

La primera y más importante parte es que tomes la decisión de aceptarlo. Tienes que creer en la idea de que aceptar la realidad será útil y te hará sentir mejor. Si no lo aceptas, entonces no hay nada que hacer. Parte de esto implica enfrentar directamente lo que está sucediendo. Antes de poder aceptar algo, debes desarrollar la autoconciencia para enfrentarlo y mirarlo directamente.

Segundo, si decides trabajar en la aceptación, el siguiente paso es comprometerte contigo mismo a aceptar la realidad con la que estás luchando. Necesitas hacerte una promesa de que a partir de ahora, vas a aceptar la situación. La promesa no va a resolverlo por sí sola, normalmente incluso después de haberte comprometido te encontrarás volviendo a luchar contra la realidad, haciendo juicios, pensando en lo injusta que es la situación y así sucesivamente.

Tercero, debes aprender a darte cuenta cuando empiezas a luchar de nuevo contra la realidad. Observa cuándo empiezas a pensar que la situación no es justa o deseando que la vida fuera de otra manera.

Cuarto, vuelve tu mente a la aceptación. Cada vez que te des cuenta de que estás luchando contra la realidad e insistiendo en que la realidad no es justa, recuérdate que te prometiste aceptar la realidad. Recuerda tu compromiso y vuelve tu mente hacia la aceptación. Tendrás que hacer esto una y otra vez para poder lograrlo.

Una cosa que hay que reconocer es que todo tiene una causa. Incluso esta cosa que te está causando dolor tuvo que haber sucedido, debido a la forma en que el mundo siguió. Si lo piensas, un tsunami es una tragedia que afecta a mucha gente, pero la razón por la que sucedió son las leyes de la física. Tuvo que haber ocurrido de esa manera, porque fue causado de una manera particular. No hay forma de que haya sido de otra manera, dado la forma en que era el mundo.

A veces es útil pensar en todo el universo como una serie de causas. Todo está causando otras cosas, golpeando como bolas en una mesa de billar. Cada cosa individual tenía que haber sucedido de la manera en que lo hizo, dadas todos los demás factores y todas las cosas que intervinieron en causarlo. Hay una inevitabilidad en el pasado y el futuro. No había otra manera en que podría haber sucedido.

Las personas tienden a tener algunas dificultades con esta habilidad. Una cosa que la gente piensa es que aceptar la realidad significa rendirse. Pero ese no es el caso. Aceptar solo significa renunciar a luchar contra la realidad de la situación, no impide que intentes resolver el problema.

Significa que ya no pierdes tiempo y energía pensando que una situación no es justa o merecida. En cambio, te enfocas en lo necesario para arreglar la situación.

Segundo, a veces las personas confunden la aceptación del momento con aceptar cosas que aún no han sucedido. Cuando intentan aceptar el fin de una relación, piensan que lo que necesitan aceptar es una vida de soledad. Lo importante es recordar que se debe aceptar la realidad, no cosas que aún no han sucedido. Necesitas aprender a aceptar que tu relación anterior ha terminado, pero no hay razón para aceptar que no habrá una relación en el futuro. No podemos saber con certeza lo que nos deparará el futuro. Ya es bastante difícil aceptar el presente y el pasado, no hace falta complicar las cosas intentando aceptar el futuro.

Cuando estás luchando con estar solo, lo que necesitas aceptar es no tener pareja en este momento. No es necesario tratar de aceptar que estarás solo por el resto de tu vida. El objetivo es tratar de mantener tu mente en el presente y practicar la atención plena. La aceptación radical no puede ayudar con preocupaciones orientadas hacia el futuro.

Otra cosa que las personas podrían pensar es que la aceptación significa que necesitan aceptar juicios negativos acerca de ellos mismos. Alguien podría pensar, ¿cómo puedo aceptar que soy una mala persona? Así como no podemos aceptar el futuro, tampoco podemos aceptar juicios. Los juicios no son hechos, son percepciones de la realidad. Tienes que aceptar los hechos de tu vida, pero los juicios son algo ajeno. Por ejemplo, si piensas que eres una mala persona porque estabas adicto a las drogas y te desahogaste con las personas que se preocupaban por ti, necesitas aceptar esas realidades. La realidad de la adicción y la realidad de cómo trataste a los demás son lo que necesitas aceptar. Incluir eso en un juicio de ser una mala persona no es lo que necesitas aceptar y, de hecho, probablemente es activamente perjudicial.

Un gran problema con la aceptación es la idea de que la situación es simplemente demasiado horrible y dolorosa para aceptar. Es fácil sentir que algo es tan horrible que es imposible de aceptar. Si has experimentado abuso, podrías sentir que es demasiado horrible para aceptar. Un problema que surge aquí es la confusión de la aceptación con el perdón. Estás practicando la aceptación para ti mismo, no para nadie más. Lo aceptas porque hará tu vida más fácil, no porque perdona a la persona que te lastima. La aceptación no funciona si lo haces por otras personas y no se trata de otras personas.

A veces las personas piensan que necesitamos mantenernos enojados para protegernos. Puede que te preocupe que aceptar la situación te haga vulnerable. Sientes que estás enojado, retirándote y resentido como una forma de protegerte del dolor. El problema es que la forma en que estás tratando de protegerte te está causando sufrimiento en el presente. En realidad no estás evitando que te lastimen al estar enojado, sino que te estás causando dolor emocional.

Además, recuerda que la aceptación no significa aprobación. La realidad, en cierto sentido, no le importa si aprobamos o no. Existe, independientemente de cómo nos sintamos. Lo importante de la aceptación es reconocer qué es la realidad.

Cuando hayas comenzado a aceptar las cosas, entonces puedes empezar a pensar en cómo sacar lo mejor de ellas. Esto significa muchas cosas diferentes en diferentes contextos. A veces significa que deberías aprender lo que puedas de la situación y desarrollar una empatía mayor a partir de la experiencia. A veces puedes pensar en formas de mejorar la situación. Es importante pensar a largo plazo. Embriagarte puede hacerte sentir mejor en el momento, pero no te sentirás bien por la mañana. Intenta meditar, leer un buen libro o dar un paseo por la naturaleza.

Una cosa que puede ayudar es darse cuenta de que la vida no se supone que sea fácil. La vida se supone que sea difícil. Cosas difíciles le suceden a todo el mundo. Las cosas difíciles son parte de lo que desarrolla el carácter y te hace la persona que eres. Cuando pensamos que la vida es injusta por tener cosas difíciles sucediendo, no estamos reconociendo la realidad de que la vida es difícil.

Siempre hay algo que puedes aprender de la dificultad. Siempre puedes crecer. Incluso si te sientes herido y dañado por lo que sea que haya pasado, es posible que puedas avanzar. La vida nunca termina hasta que se acaba. Hasta ese momento, siempre existe la posibilidad de ser más fuerte y mejor como ser humano. Aceptar la realidad de la vida es parte de eso.

Capítulo 12: Mejorando tus relaciones con las personas

El apoyo social es una de las cosas más beneficiosas que puedes tener en tu vida, con efectos positivos en la salud física, la salud mental y tu bienestar general. Las personas con más apoyo social son más felices, más saludables y más productivas. Sin embargo, el apoyo social depende de tu capacidad para mostrar un comportamiento social efectivo. Para muchas personas, la falta de compromiso social efectivo es una gran parte de por qué continúan teniendo dificultades psicológicas.

Las habilidades sociales son una parte importante de cualquier intento de recuperarse de una enfermedad mental. Incluso si crees que tienes buenas habilidades sociales en general, nunca está de más refinar tu capacidad de interactuar con otras personas y mejorar tus relaciones interpersonales. Esto puede ser particularmente útil si luchas con la ansiedad social. Mucha ansiedad social se manifiesta como la sensación de no saber qué hacer o cómo funcionar. Aprender habilidades sociales específicas puede facilitar eso.

"La efectividad interpersonal" es el término que los practicantes de TCC utilizan para medir la calidad de las habilidades sociales. Se refiere a una interacción complicada entre varias habilidades sociales y capacidades que son necesarias para lograr una buena interacción social, mantener relaciones y, en general, alcanzar metas sociales en una variedad de contextos. En general, la efectividad interpersonal significa que eres capaz de prestar atención a los demás y comunicarte de manera efectiva, planificar comportamientos y demostrar flexibilidad ajustando tu comportamiento a la retroalimentación que recibes de los demás. En general, significa evitar comportamientos que otros encuentran desagradables o difíciles de tratar.

Nuestros comportamientos interpersonales son comportamientos aprendidos. Obtenemos nuestras habilidades sociales principalmente en la vida temprana, pero son reforzadas por nuestro entorno social. Cada vez que alguien expresa aprobación o desaprobación, se está reforzando un tipo particular de habilidad social.

Esto significa que las habilidades sociales y el éxito social dependen en gran medida de la cultura y del contexto. Dentro de una cultura individual, las personas son educadas para entender las expectativas que la sociedad tiene sobre ellos y el tipo de comportamiento que es considerado positivo. Sin embargo, esto no siempre funciona sin problemas. Las personas también pueden desarrollar comportamientos sociales ineficaces o disfuncionales. Los comportamientos sociales ineficaces generalmente no suelen funcionar especialmente bien, fracasando en general en producir resultados positivos. Por otro lado, los comportamientos interpersonales disfuncionales a menudo producen resultados positivos a corto plazo, a pesar de ser desagradables en general. Estos son comportamientos como el de un niño que hace una rabieta. El niño recibe atención, pero solo se disculpa por su comportamiento debido a su edad. Si un adulto hiciera una rabieta de manera similar, podría recibir atención inmediata, pero en general las personas no querrían interactuar con ella.

A veces las personas se enfrentan a problemas cuando se mueven entre contextos sociales o culturales y sus habilidades sociales no se traducen. Un comportamiento que es efectivo en un contexto podría ser ineficaz o perjudicial en otro contexto social. Tener la comprensión para reconocer cuándo has cambiado de contexto es una parte importante de las habilidades sociales.

¿Cómo sabes si tienes habilidades sociales positivas o no? En general, es difícil evaluar por qué estás teniendo problemas sociales tú mismo. Si conoces los comportamientos que te están causando problemas, entonces puedes monitorearte para identificar instancias de ese comportamiento. Tal vez te encuentres hablando sin pensar y repetidamente insultando a las personas de esa manera. Si es algo que notas, puedes llevar un registro de cuándo y cómo haces ese comportamiento, en un esfuerzo por comenzar el proceso de cambiarlo.

Si tienes problemas más sistémicos y no estás seguro directamente por qué, entonces este podría ser un caso donde sería útil tener algunas sesiones con un terapeuta. Un terapeuta puede utilizar tácticas como juegos de rol y simulaciones para evaluar tus habilidades sociales y ayudarte a determinar en qué estás fallando. Si hay alguien en tu vida en quien confíes, puedes pedirle su opinión. Intenta hacer juegos de rol con ellos y pruébate en diferentes tipos de contextos sociales para determinar qué comportamientos puedes estar demostrando que te causan problemas sociales.

Aquí tienes algunas preguntas que puedes hacerte para identificar posibles aspectos del comportamiento social que te resulten difíciles:

- ¿Qué dificultades encuentras en tus relaciones?
- ¿Tienes personas a las que estás cerca? ¿Quiénes? ¿Con qué frecuencia estás en contacto con ellos? ¿Puedes ser íntimo con ellos?

- ¿Hay momentos en los que no sabes qué hacer en situaciones sociales?
- ¿Puedes iniciar y mantener fácilmente una conversación con alguien que no conoces bien?
- ¿Te pones ansioso en contextos sociales? ¿Qué haces cuando te pones ansioso en situaciones sociales?
- ¿En momentos en los que te has sentido desafiado/a socialmente, cuáles fueron los desafíos? ¿Has tenido dificultades para expresarte? ¿Controlarte?
- ¿Tienes dificultad para pedirle a la gente que haga algo?
- ¿Te resulta difícil decir que no cuando sientes que deberías?
- ¿Otras personas han hecho comentarios sobre cosas que haces socialmente de manera negativa?
- ¿Hay situaciones sociales que evitas?
- ¿Encuentras difícil hablar con ciertos tipos de personas?
- ¿Cómo manejas los conflictos con otras personas?
- Cuando le pides algo a la gente, ¿qué suele pasar justo después?

- ¿Puedes alcanzar tus metas en situaciones sociales?
- ¿Cuando tienes conflictos con otros, cómo suelen resolverse?

Una vez que tengas una idea de qué habilidades te cuesta trabajo, el objetivo entonces es aprenderlas. Las habilidades se desarrollan a través de una serie de etapas. Primero, debes aprender las habilidades y entender qué necesitas hacer. Luego, necesitas fortalecerlas a través de la práctica y retroalimentación. Finalmente, necesitas generalizar las habilidades y aprender cómo aplicarlas en diferentes contextos.

Cuando estás aprendiendo habilidades sociales, es importante centrarse en lo que es efectivo en lugar de en lo que es simplemente "correcto". No importa si estás haciendo algo bien si no estás siendo efectivo. Dejar de necesitar tener siempre la razón es una parte importante del desarrollo como persona, especialmente en tus habilidades sociales.

La siguiente parte de este capítulo va a pasar por varios tipos de habilidades sociales importantes que puedes incorporar a tu repertorio.

Habilidades de comunicación

La comunicación es una de las cosas más importantes que hacemos con las personas, pero también es una de las más complicadas. La comunicación implica muchas cosas diferentes, incluida la atención, fluidez en el habla, capacidad expresiva, integración de múltiples tipos de respuesta y comunicación no verbal. En general, hay una variedad de habilidades involucradas en el intercambio constructivo de pensamientos y emociones.

En general, la comunicación efectiva se trata de atraer a las personas en lugar de alejarlas. El objetivo es establecer la habilidad de aumentar la intimidad con las personas y aprender a revelar partes de ti mismo a los demás de una manera que los invite. Partes específicas de eso incluyen la revelación emocional ("Estoy realmente emocionado por esta entrevista de trabajo a la que voy"), demostraciones de comprensión y apoyo ("Veo que estás molesto. ¿Te gustaría hablar de ello?"), hacer peticiones positivas ("Necesito alguien con quien hablar. ¿Podemos hablar?") y comunicar sentimientos positivos ("Realmente disfruté nuestro tiempo juntos hoy"). Fortalecer estos aspectos de la comunicación es una de las formas más importantes de volverse más efectivo en contextos sociales.

Central para comunicarse de manera efectiva, también, es poder hacer una transición suave entre los roles de hablar y escuchar. Las habilidades de escucha incluyen la capacidad de prestar atención cuando alguien más está hablando, reconociendo los comentarios del hablante con comportamientos no verbales como asentir con la cabeza y contacto visual, y evitando comportamientos como interrumpir o desafiar puntos de vista innecesariamente. Otras habilidades de escucha implican: repetir (la capacidad de repetir exactamente lo que dijo el hablante), parafrasear (la capacidad de repetir con palabras propias lo que se dijo para demostrar comprensión), reflexión (poder determinar cuál es la emoción subyacente debajo de lo que se está expresando y preguntar al hablante si esa es una comprensión precisa) y validación.

La validación implica comunicarle al interlocutor que su posición es comprendida al transmitirle su propio mensaje de vuelta y afirmar que el mensaje es válido y aceptado por el oyente. Es importante validar incluso si hay desacuerdo - puedes validar que el interlocutor siente algo y que comprendes que lo siente, aunque no estés completamente de acuerdo con el contenido.

Las habilidades de hablar incluyen la capacidad de comunicar con exactitud lo que estás pensando o sintiendo. Esto significa que los hablantes deben ser capaces de hablar de forma sencilla, clara y al punto. Las declaraciones complicadas suelen ser mejor entendidas cuando se dividen en partes más pequeñas y manejables, lo que permite al oyente, chequear su comprensión con el hablante. Las habilidades específicas de hablar incluyen la capacidad de revelar cómo te sientes acerca de una situación y expresar afirmación o apoyo a la otra persona.

Una habilidad de hablar particularmente importante es la capacidad de expresar emociones negativas sin amenazas, demandas o menosprecios. La mejor manera de expresar una emoción negativa es vincular la emoción que estás sintiendo de manera objetiva con el comportamiento que la causó, manteniéndote directamente en los hechos. Decir cosas como "Me siento herido cuando haces comentarios que se burlan de mí" es mucho más productivo que decir "deja de decir eso, idiota".

Las habilidades de comunicación se pueden practicar todos los días y en cada contexto. Si es demasiado hacer todas a la vez, elige una o dos habilidades en las que concentrarte y practicar. Si la atención es difícil para ti, intenta enfocarte en prestar mucha atención a lo que las personas dicen y aprender a repetir adecuadamente su mensaje.

Habilidades de Gestión de Conflictos

Los conflictos son una parte inevitable de la vida, pero pueden ser muy difíciles de manejar. Las personas que son hábiles en manejar conflictos son mucho mejores en tratar relaciones interpersonales en general.

Una cosa importante en la gestión de conflictos es aprender a reconocer el conflicto en términos del problema, en lugar de la persona involucrada. También es importante centrarse en declaraciones de "yo" y hablar desde tu propia perspectiva. El siguiente patrón representa una forma general de abordar y resolver conflictos.

- Una declaración del problema con el conflicto de una manera orientada hacia el futuro. El objetivo no es repetir el problema sino mejorar la situación avanzando. Un buen ejemplo de esto sería decir, "Me gustaría si pudiéramos sentarnos y hablar sobre cómo podríamos abordar nuestras desacuerdos de manera más efectiva en el futuro."

- Una declaración reconociendo la emoción asociada de manera personal. El objetivo no es hacer acusaciones sobre la otra parte. Deberías estar enfocado en llegar a un resultado efectivo, no en vengarte de nadie más. Enmarca los efectos de las situaciones en términos de los efectos en ti: "Estoy molesto/a de que esto se haya convertido en un problema."

- Una declaración de objetivo que establezca cuál sería el resultado ideal. Este debería ser un objetivo que sea beneficioso para ambas partes, por ejemplo "Espero que podamos resolver esto para mantener mejor nuestra amistad."

- Una pregunta que implica llegar a la otra persona. Esto sería preguntarles cómo están entendiendo esto o cómo están lidiando con el conflicto.

Una parte clave de cualquier resolución de conflictos o de abordar un conflicto es la capacidad y disposición de todos los involucrados para escuchar a otras personas y no interrumpir. Escuchar es una parte crítica de cualquier resolución.

La resolución efectiva de problemas puede mejorarse utilizando el acrónimo SOLVES:

S= Especificar el problema.

O = Establece tus metas.

L= Enumera las alternativas

V = Ver las posibles consecuencias y seleccionar una alternativa prometedora.

E = Establecer e implementar un plan

S = Evaluar los resultados.

El primer paso es especificar el problema. El elemento principal de este paso es delinear claramente cuál es el problema. ¿Cuál es el núcleo del asunto? Idealmente, esto implicará a ambas personas en la relación y tomará en serio las acciones de ambas personas. Las afirmaciones deben consistir en hechos observables e identificables. Trate de evitar expresar culpa o juicio sobre la otra persona.

El segundo paso es delinear tus metas. Debes expresar cuál es tu objetivo personal en la situación. La idea es especificar qué se debe hacer para resolver el problema, no cuál sería lo "correcto" hacer. ¿Qué deseas lograr con el problema? En este paso es importante ser lo más específico posible.

El tercer paso es listar las alternativas. ¿Cuáles son las posibles formas de resolver este problema? En esta etapa, se fomenta la lluvia de ideas. Se pueden proponer muchas cosas diferentes. La idea es crear una lista de posibilidades.

El cuarto paso es ver las consecuencias probables y seleccionar una alternativa prometedora. ¿Qué proyectas como resultados de cada una de estas alternativas? ¿Qué crees que sucederá si las intentas? A menudo es una buena idea clasificarlas en términos de la probabilidad de lograr el objetivo y cumplir con los objetivos de la situación. La estrategia que tenga la mayor probabilidad de resolver el problema sin crear nuevos resultados negativos debe ser seleccionada.

El quinto paso es establecer el plan e implementarlo. Una vez que se haya seleccionado la alternativa, la siguiente tarea es poner en acción la solución potencial. El plan debe ser implementado y, si es necesario, refinado y vuelto a intentar.

El sexto paso es evaluar el resultado. Después de probar el plan, el siguiente paso es evaluarlo. ¿Cómo fue? ¿Produjo el resultado deseado? Si lo hizo, entonces el problema está resuelto. Si el conflicto no se ha resuelto, entonces puedes empezar de nuevo en el tercer paso (L) y comenzar a intentar listar las alternativas de nuevo.

Habilidades de asertividad

La asertividad es una habilidad importante porque es importante poder expresar preferencias, derechos, necesidades y deseos de una manera que sea considerada tanto con el propio autorespeto como con la dignidad de otras personas. La asertividad es cuando ni eres pasivo (cuando permites que tu dignidad sea ignorada por otra persona) ni agresivo (cuando las interacciones de una persona faltan al respeto a los demás).

La asertividad está compuesta tanto por comportamientos no verbales como verbales. En los comportamientos no verbales, es útil fortalecer las sonrisas, postura relajada, gestos con las manos, contacto visual y otros comportamientos no verbales que transmitan atención. Por otro lado, es útil debilitar cosas que indiquen ansiedad, como jugueteo o temblores, contacto visual incómodo y posturas o comportamientos excesivamente intimidantes.

En cuanto a los comportamientos verbales, hay muchas cosas diferentes en qué pensar.

Para fortalecer:

- Características del discurso: tono seguro, calma, uso de inflexión adecuada, tiempo de habla, fluidez suave y relajada del discurso.
- Contenido del discurso: usando resúmenes de lo que dicen otras personas, utilizando descripciones claras, diciendo no, pidiendo un cambio de una manera que transmita respeto, buscando clarificaciones, utilizando declaraciones sobre uno mismo, expresando opiniones propias, protestando por un trato injusto, negociación, compromiso, preguntas directas a otros sobre su experiencia personal, declaraciones para transmitir preocupación por otros, cumplidos, declaraciones con un tono positivo, honestidad.

Debilitar:

- Características del habla: pausas, disminución del

volumen al final de las oraciones, murmullos, quejidos, gritos, elevación de la voz

- Contenido del discurso: alabarse a uno mismo mientras menosprecias a los demás, amenazas, desprecios, acusaciones, juicios y críticas, afirmaciones de leer la mente, revelaciones inapropiadas sobre uno mismo que son demasiado íntimas para la relación, autopreciación, afirmaciones que indican que las necesidades de alguien más son más importantes que las tuyas.

Ser asertivo de manera adecuada implica equilibrar el hablar y el escuchar. Necesitas ser capaz de comunicar lo que necesitas, al mismo tiempo que respetas que otras personas son individuos con necesidades. Esto implica tanto la habilidad de comunicar lo que quieres como de escuchar lo que otras personas quieren.

Cuando estás pidiendo que las cosas sean diferentes, es útil pedir un cambio lo más específico posible. Las solicitudes son más efectivas cuando son claras, concisas y se basan directamente en comportamientos externos. En lugar de pedirle a alguien que sea menos desordenado, deberías pedirle que recoja la ropa del suelo. La solicitud debe ser equilibrada y tomarse en serio que la otra persona también tiene necesidades y deseos. También debe ser consistente con el nivel de intimidad ya presente en la relación.

Cuando propones algo, entonces tienes que escuchar y comprometerte sobre cuál es la solución eventual. Asegúrate de tomarte en serio lo que otras personas están sugiriendo. Y, cuando hagan lo que te gustaría, felicítalos y comunica que estás agradecido de que hayan tomado en serio tu petición.

Capítulo 13: Utilizando la Exposición para Contrarrestar el Miedo

El miedo intenso y la ansiedad pueden causar muchos problemas en tu vida. Los trastornos de ansiedad son una de las cosas más comunes por las que la gente busca ayuda y ocurren en hasta un tercio de la población general. Alrededor del 28% de la población tendrá un ataque de pánico en algún momento de su vida.

Una de las mejores formas de lidiar con el miedo y la ansiedad es la terapia de exposición. La exposición es una manera específica de aumentar tu familiaridad con las cosas que te causan ansiedad y ayudarte a manejar tus emociones de una forma más apropiada.

La estructura básica de la terapia de exposición se centra en la desensibilización, lo que significa exponerte a la cosa que temes de manera sistemática. El objetivo es obligarte a enfrentar la cosa que provoca ansiedad de manera progresiva. Un aspecto de esto es usar tu imaginación y pensar en la cosa que produce ansiedad mientras estás relajado.

El objetivo es reemplazar la tensión que normalmente experimentas en respuesta a la situación que produce ansiedad con relajación. Mientras piensas en la situación que te causa ansiedad, participa en comportamientos que te relajen, como respirar y relajar conscientemente tus músculos. Podrías hacer cosas como pensar en la situación que te causa ansiedad mientras te bañas o haces algo que disfrutas.

Mientras pensar en la cosa que te causa ansiedad podría ayudar, es aún más útil enfrentar la cosa directamente en persona. La gente puede tener miedo de todo tipo de cosas, desde arañas y serpientes, baños o cuchillos, hasta eventos, lugares y situaciones. Incluso pueden tener miedo de experiencias internas, como recuerdos o emociones. Cuando estás expuesto repetidamente a algo que temes, la intensidad de la respuesta emocional a menudo disminuye.

Si tienes miedo a las arañas, por ejemplo, cuanto más veas arañas, menos miedo puedes tener. Especialmente si haces un esfuerzo consciente por interactuar con las arañas y acercarte a ellas, podrás ampliar el rango de respuestas emocionales hacia la araña. En lugar de simplemente responder con miedo, eventualmente podrás responder con curiosidad o interés. Incluso podrías llegar a un punto en el que puedas quitar cuidadosamente la araña de la casa de la que antes habrías huido.

Una parte clave de la exposición es que realices comportamientos que son los normales que son provocados por el miedo o la ansiedad. Si evitas los comportamientos típicos asociados con la emoción y haces cosas que son inconsistentes con tu emoción, eventualmente podrías reducir el poder que la emoción tiene sobre ti. Por ejemplo, si tienes miedo de hablar en público, podrías querer dar un discurso frente a un grupo pequeño de personas y conscientemente exhibir comportamientos que son opuestos a tus instintos. Aunque quieras apartar la mirada, en lugar de eso mantén contacto visual. Aunque quieras encogerte en ti mismo, adopta una postura segura y expresa entusiasmo sobre el tema del discurso. No te permitas involucrarte en comportamientos que sean consistentes con la ansiedad, porque eso reforzará las emociones en tu mente.

Para hablar de este proceso con más detalle, vamos a empezar con el primer paso: evaluación. Para hacer terapia de exposición, necesitas tener una idea clara de cuál es el problema. ¿Qué es exactamente lo que temes? Caractéralo en tanto detalle como puedas manejar.

Además de tener un sentido claro y específico de lo que temes, es importante tener una comprensión precisa de tu propia reacción emocional. ¿Con qué intensidad temes al objeto? ¿Con qué frecuencia sucede? ¿Cuánto tiempo dura? Además de analizar las emociones, también vale la pena tomarse el tiempo para analizar cualquier otra manifestación del miedo. ¿Cómo afecta a tu cuerpo? ¿Qué pensamientos tienes sobre el objeto de tu miedo?

Quizás lo más importante es que debes aclarar qué tipos de comportamientos tienes para enfrentar este miedo. ¿Cómo evitas el miedo y cuáles son tus comportamientos para calmarte? ¿Cuáles son las implicaciones de estos comportamientos? ¿Qué efectos tiene esto en tu vida? Sé consciente de comportamientos tanto grandes como pequeños. Podrían ser cosas como beber o literalmente huir. Podrían ser más sutiles, como tocarse el pelo o la piel. Incluso simplemente apartar la mirada es un comportamiento de evitación. Estos son los comportamientos que necesitas evitar conscientemente en el proceso de exposición.

Ser específico es realmente importante. Puede que tengas miedo de hablar en público frente a extraños, pero no frente a amigos y familiares. ¡Podría ser al revés! Puedes ser capaz de comer en público en ciertos contextos, pero no en otros. Algunos tipos de trabajo escolar podrían hacerte sentir miedo, pero no otros. Necesitas saber exactamente qué temes para poder empezar a trabajar en ello. En general, el autoconocimiento es crucial en cualquier proceso de autotransformación.

Hay varios tipos de exposición y ahora los veremos uno por uno.

Imaginación

Este tipo de exposición utiliza el poder de tu imaginación para ayudarte a desarrollar asociaciones positivas a situaciones temidas. Este enfoque es mejor utilizado cuando es difícil o imposible recrear realmente la situación relevante o como un precursor para trabajar en la exposición en la vida real. También puede ser un método para desarrollar habilidades de afrontamiento. Para alguien que teme las entrevistas de trabajo, podría imaginar una entrevista de trabajo y usarla para practicar diferentes preguntas o explicar partes difíciles de su currículum.

Una forma de exponerse usando tu imaginación se llama exposición prolongada y típicamente se utiliza en los tratamientos para el TEPT. Si decides hacerlo por ti mismo, hazlo con cuidado y pensando en tu seguridad. Sería útil contar con una persona de confianza que te acompañe mientras te expones a este tipo de exposición. La forma en que funciona es imaginarte y describir un evento traumático específico en detalle. Imagina las vistas, los sonidos, los olores y las cosas que tocaste. El objetivo de esto es demostrar que, aunque no es agradable recordar el trauma, en realidad no serás dañado por los recuerdos. El evento traumático podría haber sido peligroso, pero los recuerdos no lo son. Al recordar el evento, aprenderás nuevas asociaciones. En lugar de sentirte en peligro, solo sentirás malestar.

Exposición en la vida

Cuando te expones a aquello que temes en la vida real, es una forma efectiva de exposición. Puede ser en tu propia casa o en el mundo exterior. Si le temes a las alturas, puedes subir a niveles altos de estacionamientos, comer en la terraza de un restaurante en el quinto piso y caminar por un puente alto. Si le temes a la contaminación como la suciedad o los gérmenes, podría implicar tocar manijas de puertas, sentarse en el suelo, sentarse en un asiento de inodoro público u otros comportamientos sin recurrir a conductas de limpieza.

Si tienes ansiedad social, esto puede implicar participar en situaciones sociales como fiestas, hablar en público o interactuar en un ambiente grupal.

Exposición de Sensaciones

Esta forma de exposición se utiliza para personas que tienen miedo de sensaciones corporales. Alguien podría tener miedo de leves dolores en el pecho, interpretándolos como un infarto grave. O podría ser tener miedo de un corazón que late rápidamente.

En estos casos, es útil provocar versiones de estas sensaciones que sean inofensivas. Si tienes miedo a que tu corazón lata rápidamente, puedes hacer breves períodos de ejercicio intenso. Si tienes miedo a marearte, puedes dar vueltas en círculos.

Algunas personas se encuentran temerosas de emociones fuertes. En ese caso, puede ser útil enfocarse en las sensaciones corporales asociadas con la emoción y dirigir tu atención hacia eso. Si temes sentir cosas intensas, trabaja físicamente en ti mismo y practica lidiar de esa manera. Como alternativa, mira películas intensas o lee libros intensos. Aprende a manejar las emociones de una manera saludable.

Acción opuesta

Esta habilidad es una de las más importantes en la terapia de exposición. La habilidad de la acción opuesta consiste en aprender a hacer lo contrario de lo que sientes que debes hacer. El miedo suele ir acompañado del deseo de huir; la ira va acompañada del impulso de gritar; la vergüenza va acompañada del impulso de esconderse. En todos esos casos, la acción opuesta te pediría que hicieras lo contrario a lo que sientes. En el caso del miedo, acércate a la situación en lugar de alejarte de ella. Si tienes ansiedad social, es posible que desees evitar asistir a una fiesta en particular. Si sientes eso, la idea sería asistir definitivamente a la fiesta y hablar con tanta gente como sea posible. La acción opuesta es útil para muchos tipos de emociones, no solo miedo y ansiedad, pero es particularmente útil para combatirlas. Hay cosas de las que tenemos un miedo justificado, pero la mayoría de las cosas que provocan ansiedad en la vida moderna no son tan aterradoras como las tratamos. La acción opuesta nos pide que abracemos eso y que nos enfrentemos al miedo.

Exposición al ritmo

Una vez que hayas decidido hacer exposición, la próxima pregunta es cómo regularla. Una estrategia común es conocida como exposición graduada. Consiste en exponerte a cosas cada vez más difíciles y angustiantes. Si le temes a las alturas, se trata de subir cada vez más alto. Quizás comiences viendo videos de personas escalando rocas. Luego, miras por una ventana en el segundo piso. Después, conduces sobre un puente alto. A continuación, caminas sobre ese puente. Por último, te paras en un nivel alto en un estacionamiento y miras hacia abajo.

Un método diferente para marcar el ritmo de la exposición sería el inundación. Esto significa exponerte a los niveles más altos justo al principio, comenzando con los elementos más angustiantes. Contrariamente a la intuición, se ha demostrado que el inundación es muy efectivo precisamente porque provoca más miedo. Altos niveles de miedo sin resultados negativos es parte del punto de la terapia de exposición.

Puede que te sientas demasiado asustado/a para empezar con los tipos más difíciles de exposición. Está bien. Comienza con cosas pequeñas y ve avanzando. Si algo te parece demasiado aterrador, comprométete a empezar con lo más pequeño que provoque la respuesta al miedo. Piensa en todo el daño que tu miedo y ansiedad causan en tu vida. ¿No sería agradable no tenerlo? Concéntrate en el sueño de vivir sin ansiedad.

Eliminar las señales de seguridad

Las señales de seguridad son cosas en el entorno que indican que no hay nada de qué temer. Estas, de manera contraintuitiva, reducen la efectividad de la exposición. Las cosas que pueden ser señales de seguridad incluyen la presencia de alguien en quien confíes, personas que te brindan tranquilidad, o objetos inanimados que actúan para reducir el miedo, desde un amuleto mágico hasta un teléfono celular.

El problema con estas señales de seguridad es que puedes aprender que las cosas están bien si tienes las señales de seguridad. Si alguien te está diciendo una y otra vez que estás bien, eso mitiga la respuesta de miedo y evita que aprendas que en realidad estás bien.

A veces las personas que tienen ansiedad tienen rituales que utilizan para mantenerse seguras. Podrían ser cosas como verificar repetidamente la puerta, o verbalizar oraciones religiosas, o tocar cosas en una secuencia específica. Si estás participando en exposición, deberías intentar reducir estos comportamientos, ya que limitarán los beneficios de la exposición.

Conclusión

Gracias por llegar hasta el final de la Terapia Cognitivo-Conductual: Cambiar tu Propia Mente, esperemos que haya sido informativa y haya podido proporcionarte todas las herramientas que necesitas para alcanzar tus metas, cualesquiera que sean.

El siguiente paso es practicar las habilidades de las que hemos hablado en este libro y seguir trabajando en cambiar tu propia mente. Tienes el poder de hacerte sentir mejor, a través de trabajar en intervenciones cognitivas y conductuales. Puedes aprender a manejar cualquier cosa que se te presente.

Si trabajas en usar estas habilidades diligentemente y encuentras que aún necesitas ayuda, busca a un terapeuta que esté entrenado en TCC para ayudarte. A veces una perspectiva externa o voz es necesaria para ayudarte a obtener la perspectiva que necesitas sobre lo que está pasando en tu propia mente.

Recuerda, si sientes que estás en peligro de hacerte daño, debes pedir ayuda. Hay muchas personas que pueden ayudarte. Busca la línea directa de prevención del suicidio en tu país o comunícate con los servicios de emergencia. Siempre hay una oportunidad para que tu vida mejore, recuerda eso.

¡Finalmente, si encontraste útil este libro de alguna manera, una reseña siempre es apreciada!

www.ingramcontent.com/pod-product-compliance
Lightning Source LLC
Chambersburg PA
CBHW072012290426
44109CB00018B/2211